Reflexões sobre práticas escolares de produção de texto:
o Sujeito-Autor

ORGANIZADORAS

Maria da Graça Costa Val
Gladys Rocha

REFLEXÕES SOBRE PRÁTICAS ESCOLARES DE PRODUÇÃO DE TEXTO:

O SUJEITO-AUTOR

1ª edição
2ª reimpressão

autêntica

Copyright © 2003 by Os autores

CAPA
Jairo Alvarenga Fonseca

CONSELHO EDITORIAL
Ceres Ribas da Silva, Antônio Augusto Gomes Batista
Magda B. Soares, Arthur Gomes de Morais
Percival Leme Brito

EDITORAÇÃO ELETRÔNICA
Waldênia Alvarenga Santos Ataíde

REVISÃO
Rosemara Dias Santos

Todos os direitos reservados pela Autêntica Editora. Nenhuma parte desta publicação poderá ser reproduzida, seja por meios mecânicos, eletrônicos, seja via cópia xerográfica, sem a autorização prévia da editora.

AUTÊNTICA EDITORA LTDA.
Rua Aimorés, 981, 8° andar . Funcionários
30140-071 . Belo Horizonte . MG
Tel: (55 31) 3222 68 19
Televendas: 0800 283 13 22
www.autenticaeditora.com.br

V135r	Val, Maria da Graça Costa Reflexões sobre práticas escolares de produção de texto – o sujeito-autor / organizado por Maria da Graça Costa Val e Gladys Rocha. – 1. ed. 2. reimp. – Belo Horizonte: Autêntica/CEALE/FaE/UFMG, 2008. 208p – (Coleção Linguagem e educação, 10) ISBN 978-85-7526-091-3 1.Educação. 2.Alfabetização. I.Rocha, Gladys. II.Tí tulo.
	CDU 37 37.014.22

ÍNDICE

Introdução
Maria da Graça Costa Val e Gladys Rocha..7

A linguagem nos processos sociais de constituição da subjetividade
João Wanderley Geraldi..15

Modos de lembrar, de narrar e de escrever: um estudo sobre as condições e possibilidades de elaboração coletiva da memória
Ana Luiza Bustamante Smolka, Adriana Lia Friszman de Laplane, Elizabeth dos Santos Braga..29

A formação do produtor de texto escrito na escola: uma análise das relações entre os processos interlocutivos e os processos de ensino
LEIVA DE FIGUEIREDO VIANA LEAL..53

O papel da revisão na apropriação de habilidades textuais pela criança
Gladys Rocha..69

A produção de textos escritos narrativos, descritivos e argumentativos na alfabetização: evidências do sujeito na/da linguagem
Cecilia Goulart..85

A pontuação como recurso de textualização: as descobertas de uma criança
Cancionila Janzkovski Cardoso..109

Receitas e regras de jogo: a construção de textos injuntivos por crianças em fase de alfabetização
Maria da Graça Costa Val
Lúcia Fernanda Pinheiro Barros..135

Considerações sobre a diferenciação de gêneros discursivos na escrita infantil
Maria Bernadete Marques Abaurre, Maria Laura Trindade Mayrink-Sabinson, Raquel Salek Fiad..........................167

Revisitando a produção de textos na escola
Roxane Rojo..185

Autores...206

Introdução

Os trabalhos reunidos neste livro apresentam reflexões cujo foco é o processo de apropriação de habilidades textuais-discursivas pelo aprendiz no Ensino Fundamental, especialmente nos primeiros anos de escolarização.

Norteia o conjunto de artigos a compreensão de aluno como sujeito em constituição, que se apropria do texto escrito na/a partir da interação com esse objeto conceitual. Partilhando tal concepção, sete dos nove estudos trazem em comum, ainda, a tentativa de, via análise de um *corpus*, compreender melhor as representações dos aprendizes sobre o texto escrito, as hipóteses que eles (re)elaboram, as particularidades e convergências de seus percursos, marcados por uma subjetividade *socialmente constituída*, como postulam Bakhtin e Vygotsky.

Já os trabalhos que abrem e fecham a coletânea, de João Wanderley Geraldi e Roxane Rojo, não têm como foco a análise de dados empíricos; dedicam-se, antes, ao estabelecimento de perspectivas teóricas que orientam o olhar para a língua e a sociedade, a escrita, o texto, o aluno e o ensino do texto escrito, assumindo concepções e pressupostos compartilhados com os outros artigos do livro.

O trabalho de Geraldi propõe reflexões de caráter abrangente, focalizando "a linguagem enquanto processo de constituição da subjetividade, que marca as trajetórias individuais de sujeitos que se fazem sociais também pela língua que compartilham". É central nesse artigo o conceito de *memória de futuro*, definida como o projeto de futuro pensado pela sociedade atual, com base no qual são selecionados, do passado, valores, saberes e conhecimentos que se quer ver realizados. A partir daí, Geraldi aponta questões com as quais o processo educativo está necessariamente envolvido, embora nem sempre lhes preste a atenção devida: "1. qual a sociedade futura que desejamos? 2. quais experiências do passado são suficientemente significativas para instrumentar a construção dessa sociedade futura?"

Se considerarmos, com Geraldi, que a construção desse projeto de futuro – utopia, lugar desterritorializado – mobiliza "desejos e ações que, respeitando diferenças, não as transformam em desigualdades", podemos dizer que os artigos deste livro, tanto pelo eixo temático que os reúne quanto pelas concepções de aluno, aprendizagem e ensino que os inspira, oferecem indicadores de sua contribuição para a construção, necessariamente coletiva, da resposta à primeira questão apresentada pelo autor: a sociedade que queremos abriga escolas onde os processos subjetivos de produção de conhecimento sejam reconhecidos como legítimos, mesmo que esses processos incluam descobertas e dificuldades, avanços e recuos, objetos e caminhos não previstos pelo professor; mesmo quando esses processos se fundamentem em conhecimentos culturais divergentes dos padrões mais valorizados. O reconhecimento da diversidade de experiências culturais dos alunos e das singularidades de suas trajetórias de aprendizagem é tônica comum aos trabalhos desta coletânea.

Fechando o livro, o artigo de Roxane Rojo apresenta uma discussão bem específica do campo de investigação da *produção de textos*, promovendo uma revisão teórica de paradigmas reconhecidos na área e inspiradores de numerosas pesquisas nas últimas duas décadas. A reflexão se faz, principalmente, pelo confronto entre teorias cognitivas e teorias discursivas socio-interacionistas. As primeiras, segundo a autora, postulam esquemas abstratos e logicamente organizados de armazenamento e estruturação dos conhecimentos na memória humana, sem atentar para a natureza sócio-histórica desses conhecimentos, nem para a dinamicidade de seu funcionamento e interação nos processos de interlocução. As segundas, por sua vez, de inspiração neo-vygotskyana, integram em seus quadros os construtos psicológicos de Vygotsky, articulando-os à perspectiva enunciativa bakhtiniana, do que resulta a redefinição de linguagem e discurso "como produtos sociais postos em circulação social nas interações concretas, emergentes em situações de produção (enunciações) específicas." A conclusão do artigo de Rojo encaminha, então, para a avaliação das aplicações desses dois quadros teóricos na prática de sala de aula e propõe um programa de trabalho fundamentado na perspectiva neo-vygotskyana acima descrita, considerada mais adequada ao enfrentamento das questões de ensino e de pesquisa no campo da produção de textos.

Assim, ainda que incidindo sobre objetos e objetivos diferentes, as discussões teóricas de Geraldi e Rojo apontam na mesma direção, assumindo, afinal, um ponto de vista coincidente e partilhado com os outros sete artigos: a confluência em torno de fundamentos buscados em Bakhtin, marco comum que baliza todos os trabalhos deste livro.

A segunda questão formulada por Geraldi ecoa no artigo "Modos de lembrar, de narrar e de escrever", em que Ana Luiza Smolka, Adriana Laplane e Elizabeth Braga analisam relatos de alunos adolescentes sobre experiências vividas na primeira série do Ensino Fundamental, evidenciando a função do discurso na (re)construção de lembranças, na constituição e socialização da memória – individual e coletiva –, e, desse modo, apontando a linguagem como processo fundamental na construção da história.

O trabalho seguinte, "A formação do produtor de texto escrito na escola: uma análise das relações entre processos interlocutivos e processos de ensino", de Leiva Leal, toma como pressuposto que "um texto produzido por um aprendiz manifesta-se como produto de um sujeito que, a seu modo, através das diversas possibilidades e formas da linguagem, busca estabelecer um determinado tipo de relação com o seu interlocutor." A autora analisa textos de alunos das séries iniciais do Ensino Fundamental, destacando a importância, no processo de constituição de sujeitos produtores de texto, de os alunos autores aprenderem a se orientar pela previsão daquilo que Bakhtin chama "atitude responsiva ativa" de seus futuros leitores.

Também com a concepção de que o sujeito constrói, no processo de produção escrita, uma proposta de interlocução que pressupõe um leitor e, nessa perspectiva, um autor capaz de mover-se no sentido de construir estratégias adequadas à obtenção de uma atitude responsiva que contemple suas intenções interpretativas, Gladys Rocha discute "o papel da revisão na apropriação de habilidades textuais pela criança". Na construção da análise são privilegiados aspectos que dizem respeito ao processo de aprendizagem da produção textual no contexto da sala, ao movimento empreendido pela criança para a construção de sentidos na escrita, a recursos dos quais o aprendiz se serve para produzir um texto escrito e se apropriar de suas particularidades.

Na mesma linha dos dois que o antecedem, o artigo "A produção de textos escritos narrativos, descritivos e argumentativos na escola", de Cecilia Goulart, focaliza atividades de reflexão sobre a linguagem escrita – especificamente na produção de textos narrativos, descritivos e argumentativos – elaboradas por dez crianças, no início de seu processo de alfabetização formal. A autora analisa os recursos utilizados pelas crianças na construção de "estratégias de dizer os textos e de conceber o sistema de escrita", interpretando marcas visíveis nos textos como indícios do percurso feito no processo de produção textual e indicadores da atividade reflexiva dos sujeitos. Operações de retificação, inserção, repetição ou salvaguarda, observadas nos textos, autorizam a conclusão de que as crianças, ao buscarem recursos que expressem os sentidos desejados para seus textos, desenvolvem conhecimentos complexos, a partir de reflexão e análise lingüística de boa qualidade.

O trabalho de Cancionila Janzkovsky Cardoso, "A pontuação como recurso de textualização: as descobertas de uma criança", partilha com o de Roxane Rojo a opção pela teoria neo-vygotskyana de Schneuwly. Dois postulados desse autor são retomados no texto de Cardoso: a) a produção de textos escritos se dá pela diversificação e complexificação de operações de linguagem; b) o desenvolvimento de mecanismos de controle global da escrita depende, em grande parte, da apropriação de técnicas e de meios de linguagem diferenciados. A pesquisa busca explorar, do ponto de vista desenvolvimental, a capacidade do aprendiz da escrita de realizar operações textuais complexas e, especialmente, de "intervir" no próprio texto assumindo-se como enunciador. A análise se detém sobre quatro textos narrativos, produzidos por uma criança nos seus quatro primeiros anos de escolarização (um texto de cada ano), e focaliza a pontuação, entendida como marca das operações de textualização. A conclusão do trabalho aponta para uma correlação entre as marcas de pontuação usadas pela criança e os processos de planejamento textual de que ela vai se tornando capaz, evidenciando que gradativamente ela vai ganhando controle sobre as diferentes operações de planejamento e aprendendo a lidar autonomamente com cada uma delas.

Como o de Cardoso, o artigo de Maria da Graça Costa Val e Lúcia Fernanda Barros, "Receitas e regras de jogo: a construção de textos injuntivos por crianças em fase de alfabetização", estuda o desenvolvimento do texto escrito em crianças no período inicial da alfabetização. Distingue-se do anterior, no entanto, porque acompanha os sujeitos por um período mais curto – o primeiro ano de escolarização – e porque se volta para outro objeto: o tipo textual injuntivo, especialmente nos gêneros *receita* e *regras de jogo*. Outra particularidade deste artigo é o interesse específico pela *gênese* do texto escrito, o que implicou a opção por sujeitos que estavam no processo de apropriação do sistema alfabético, mas ainda não o dominavam – ainda "não sabiam ler e escrever". O material analisado, então, não são textos escritos, mas textos "entre a oralidade e a escrita": por exemplo, ditados oralmente pelas crianças para serem escritos pela pesquisadora. O trabalho examina a atividade enunciativa das crianças e constata sua habilidade lingüística e seu progresso na construção do tipo textual e dos gêneros discursivos estudados.

À semelhança dos dois artigos anteriores, o trabalho de Maria Bernadete Abaurre, Maria Laura Mayrink-Sabinson e Raquel Salek Fiad, "Considerações sobre a diferenciação de gêneros discursivos na escrita infantil", se interessa pelos primeiros momentos do processo de construção de gêneros discursivos escritos, tomando como objeto específico a diferenciação entre diferentes gêneros na escrita infantil. A base teórica é a concepção bakhtiniana e a análise focaliza o conhecimento de um grupo de crianças quanto a diferentes gêneros discursivos e quanto às unidades composicionais de gêneros familiares aos sujeitos. A conclusão do trabalho vem reforçar a visão das autoras quanto à dinamicidade do processo examinado, manifesta sobretudo em espécies "embrionárias" de gêneros reconhecidas nos textos das crianças e em relações intergenéricas estabelecidas por elas e perceptíveis na produção de textos "híbridos", compostos de gêneros "indefinidos" ou parcialmente "definíveis".

Vê-se, então, que, dada a impossibilidade de se considerar, num mesmo estudo, toda a amplitude de fatores inerentes à complexidade do processo de apropriação do texto escrito, os artigos reunidos neste livro trazem, assim como as produções que analisam, inegáveis marcas de singularidade, tanto no que diz respeito aos modos de interação através da linguagem escrita, quanto em relação ao recorte privilegiado na discussão de aspectos pertinentes à produção textual. Entretanto, como se procurou mostrar, esses estudos têm, também, importantes pontos de interlocução: a concepção de linguagem como atividade discursiva, trabalho e objeto do trabalho de sujeitos concretos, cujas especificidades se constituem nas/a partir das práticas sociais. É esse olhar que nos permite compreender a coletânea ora apresentada como um conjunto de textos que, sob um referencial teórico comum, busca a apreensão de diferentes aspectos do percurso empreendido pelo sujeito-aluno. Embora não tenham a pretensão de esgotar o tema, os artigos se intercruzam, se complementam; nos encaminham a reflexões ao mesmo tempo polifônicas e singulares, cujo eixo central é a construção do discurso escrito pelo aprendiz, no contexto escolar.

Maria da Graça Costa Val
Gladys Rocha
Organizadoras

A LINGUAGEM NOS PROCESSOS SOCIAIS DE CONSTITUIÇÃO DA SUBJETIVIDADE[1]

João Wanderley Geraldi

... devemos compreender que estamos neste pequeno planeta, casa comum, perdidos no cosmos e que, efectivamente, temos uma missão que é civilizar as relações humanas nesta Terra. As religiões da salvação, as políticas da salvação diziam: sejam irmãos porque seremos salvos. Creio que hoje seria necessário dizermos: sejamos irmãos porque estamos perdidos, perdidos num pequeno planeta dos arredores de um sol suburbano de uma galáxia periférica de um mundo privado de centro. Estamos aí, mas temos as plantas, os pássaros, as flores, temos a diversidade da vida, temos as possibilidades do espírito humano. Está aí, doravante, o nosso único fundamento e o nosso único recurso possível.

Edgar Morin. *Amor, Poesia, Sabedoria*, p. 44

---

[1] Texto apresentado, como conferência intitulada "Questões para pensar a cidadania: a língua, o imaginário", no *VII Seminário Internacional de Reestruturação Curricular – Utopia e democracia*. *Os inéditos viáveis na educação cidadã*, promoção da Secretaria Municipal de Educação de Porto Alegre (03-08/07/2000), e posteriormente publicado em *A Paixão de Aprender*. n. 13, p. 42-51. Porto Alegre: Secretaria Municipal de Educação, mar. 2001.

Apresentação

O objetivo deste trabalho é correr o risco de trazer para a reflexão sobre a cidadania um conjunto de conceitos formulados nos contextos de reflexão sobre a atividade constitutiva da linguagem. Mais especificamente ainda, o diálogo que pretendo estabelecer toma como fonte privilegiada, polifonicamente mediada por contrapalavras procedentes de outros lugares, o pensamento de Bakhtin tal como formulado no seu estudo sobre as relações entre "o autor e o herói"[2].

Sem dúvida alguma, os riscos maiores desta aproximação dizem respeito à *noção de sujeito* que resulta [ou se constrói a partir] da concepção de linguagem como atividade constitutiva, já que o exercício da cidadania freqüentemente pressupõe um sujeito racional, crítico e consciente, tal como concebido pelo pensamento humanista (e cartesiano?). Uma crítica a tal concepção, certamente sem ainda ter conseguido ultrapassar o pensamento humanista, não implica a recusa à construção de formas de convívio capazes de

> compreender que os seres humanos são instáveis, nos quais existe a possibilidade do melhor e do pior, alguns tendo melhores possibilidades que outros; devemos compreender, também, que os seres têm múltiplas personalidades potenciais e que tudo depende dos acontecimentos, dos acidentes que lhes sucedem e que podem liberar algumas delas. (MORIN, 1997, p. 64)

Esboçados os riscos, o [irrealizável] desejo seria o de construir um lugar capaz de escapar aos questionamentos recentes à "pedagogia crítica", para nela permanecer, contribuindo com alguns elementos de construção de uma concepção de sujeito que não aceite qualquer essencialidade intocável, qualquer "alma governante", qualquer princípio ou origem a não ser sua constante mobilidade e mutabilidade.

---

[2] Trata-se de estudo de 1920-1930, deixado inacabado pelo autor e publicado no Brasil em *Estética da criação verbal* (a data da edição brasileira consultada é 1992). O título da edição original é *O autor e o herói na atividade estética*.

Movendo-se entre o
mundo ético e o mundo estético

Debruçado sobre a relação entre o autor e o herói, Bakhtin move-se entre os mundos ético e estético e elabora um conjunto de categorias com que os aproxima, diferenciando-os. Na arquitetura do pensamento bakhtiniano, a relação com a alteridade é fundamental e é a partir desta relação, em que o herói é o outro do autor, o autor é o outro do herói, que o pensador russo estatui o princípio básico que diferencia a relação estética da relação ética:

> [...] um autor modifica todas as particularidades de um herói, seus traços característicos, os episódios de sua vida, seus atos, pensamentos, sentimentos, do mesmo modo que, na vida, reagimos com um juízo de valor a todas as manifestações daqueles que nos rodeiam: na vida, todavia, nossas reações são díspares, são reações a manifestações isoladas e não ao *todo do homem*, e mesmo quando o determinamos enquanto todo, definindo-o como bom, mau, egoísta, etc., expressamos unicamente a posição que adotamos a respeito dele na prática cotidiana, e esse juízo o determina menos do que traduz o que esperamos dele. (BAKHTIN, 1992, p. 25)

É esta reação ao *todo*, segundo o autor, específica da reação estética, porque baseada na suposição de acabamento do objeto – herói ou obra – que fundamentará a diferença entre os dois mundos postos em paralelo neste seu estudo. A posição produtiva e criativa do autor é que lhe permite o olhar para o todo da obra, o olhar para cada herói como um sujeito acabado, produzido, com tempo de existência delimitado pela estrutura da obra[3]. A energia criadora estabiliza-se no produto cultural significante que é a obra[4].

---

[3] É necessário não confundir "o tempo de existência" do herói na obra com seu ressurgimento e existência em cada leitor.

[4] O fato de a obra ser um todo acabado não significa que seja uma totalidade fechada, sem vazios e sem sujeição a interferências.

Derivam desse princípio os conceitos com os quais Bakhtin distingue os mundos ético e estético. Extraio dessa reflexão aqueles conceitos que me parecem mais úteis para desenhar uma concepção de linguagem como atividade constitutiva da subjetividade.

Quando se admite que um sujeito se constitui, o que se admite junto com isso? Que energia põe em movimento este processo? Com que "instrumentos" ou "mediações" trabalha este processo? Obviamente, este conjunto de questões, a que outras podem ser somadas, põe em foco o fenômeno humano e sua compreensão. Habituados à higiene da racionalidade, ao inescapável método de pensar as partes para nos aproximarmos de respostas provisórias, temos caminhado e definido as partes, os recortes, as passagens, a partir da suposição de que o todo será um dia compreendido e, pior ainda, de que esse todo tem uma existência real[5].

Aceitando que nossas compreensões são sempre limitadas, acompanhemos Bakhtin em seu estudo da relação autor e herói. Para ele

> A consciência do autor é consciência de uma consciência, ou seja, é uma consciência que engloba e acaba a consciência do herói e do seu mundo, que engloba e acaba a consciência do herói por intermédio do que, por princípio, é transcendente a essa consciência e que, imanente, a falsearia. O autor não só vê e sabe tudo quanto vê e sabe o herói em particular e todos os heróis em conjunto, mas também vê e sabe mais do que eles, vendo e sabendo até o que é por princípio inacessível aos heróis; é precisamente esse *excedente,* sempre determinado e constante de que se beneficia a visão e o saber do autor, em comparação com cada um dos heróis, que fornece o princípio de acabamento de um todo – o dos heróis e o do acontecimento da existência deles, isto é, o todo da obra. (BAKHTIN, op. cit., p. 32-33)

---

[5] Talvez uma das maiores vantagens do questionamento contemporâneo à concepção do "sujeito racional, crítico, consciente, emancipado ou libertado" (SILVA, 2000, p. 13), seja precisamente o reconhecimento de que nossas compreensões serão sempre locais e limitadas e jamais recobrirão a totalidade de um suposto real.

Transportemos o conceito de "excedente de visão" para o mundo da vida. Da vida não há um autor[6] e, se estou vivendo, tenho um por-vir e portanto sou inacabado. O todo acabado de minha vida, eu não o domino. Por isso o mundo da vida é um mundo ético, embora a vida possa ser vivida esteticamente. Consideremo-nos dentro deste mundo: estamos expostos, e quem nos vê, nos vê com o "fundo" da paisagem em que estamos. A visão do outro nos vê como um todo com um fundo que não dominamos. Ele tem, relativamente a nós, um *excedente de visão*. Ele tem, portanto, uma experiência de mim que eu próprio não tenho, mas que posso, por meu turno, ter a respeito dele. Este "acontecimento" nos mostra a nossa incompletude e constitui o outro como o único lugar possível de uma completude impossível. Olhamo-nos com os olhos do outro, mas regressamos sempre a nós mesmos e a nossa incompletude, pois "tudo quanto pode nos assegurar um acabamento na consciência de outrem, logo presumido na nossa autoconsciência, perde a faculdade de efetuar nosso acabamento", porque a experiência do outro, mesmo sendo de mim, me é inacessível[7].

Se a experiência de mim vivida pelo outro me é inacessível, esta inacessibilidade, a mostrar sempre a incompletude fundante do homem, mobiliza o desejo de completude. Aproximo-me do outro, também incompletude por definição, com esperança de encontrar a fonte restauradora da totalidade perdida. É na tensão do encontro/desencontro do eu e do tu que ambos se constituem. E, nessa atividade, constrói-se a linguagem enquanto mediação sígnica necessária. Por isso

---

[6] Note-se que, no pensamento religioso, uma das expressões com que se refere a divindade criadora é precisamente a de "autor da vida". Para Bakhtin, a vida dos "heróis" está, em princípio, acabada pelos desígnios da própria obra.

[7] Exemplo típico desta impossibilidade: por mais que alguém queira, não consegue sofrer o sofrimento do outro. "O sofrimento do outro que vivencio da forma mais concreta se distingue, por princípio, do sofrimento que o outro mesmo vive, ou do meu próprio sofrimento." (BAKHTIN, op. cit., p. 118)

a linguagem é trabalho e produto do trabalho. Enquanto tal, cada expressão carrega a história de sua construção e de seus usos. Nascidos nos universos de discursos que nos precederam, internalizamos dos discursos de que participamos expressões/compreensões pré-construídas, num processo contínuo de tornar intraindividual o que é interindividual. Mas a cada nova expressão/compreensão pré-construída fazemos corresponder nossas contrapalavras, articulando e rearticulando dialogicamente o que agora se apreende com as mediações próprias do que antes já fora apreendido. Como ensina Bakhtin (1992, p. 405-406)

> As influências extratextuais têm uma importância muito especial nas primeiras etapas do desenvolvimento do homem. Estas influências estão revestidas de palavras (ou outros signos), e estas palavras pertencem a outras pessoas; antes de mais nada, trata-se das palavras da mãe. Depois, essas "palavras alheias" se reelaboram dialogicamente em "palavras próprias-alheias" com a ajuda de outras palavras alheias (escutadas anteriormente) e logo se tornam palavras próprias (com a perda das aspas, falando metaforicamente) que já possuem um caráter criativo.

Está na incompletude a energia geradora da busca da completude eternamente inconclusa. E como incompletude e inconclusão andam juntas, as mediações sígnicas, ou as linguagens, construídas neste trabalho contínuo de constituição não podem ser compreendidas como um sistema fechado e acabado de signos para sempre disponíveis, prontos e reconhecíveis. A linguagem, enquanto atividade, implica que até mesmo as línguas (no sentido sociolingüístico do termo) não estão de antemão prontas, dadas como um sistema de que o sujeito se apropria para usá-las segundo suas necessidades. Sua indeterminação não resulta apenas de sua dependência dos diferentes contextos de produção ou recepção. Enquanto "instrumentos" próprios construídos neste processo contínuo de interlocução com o outro, carregam consigo as precariedades do singular, do irrepetível, do insolúvel, mostrando sua vocação estrutural para a mudança.

Na síntese de Kramer (1994, p. 107),

> A linguagem [...] regula a atividade psíquica, constituindo a consciência, porque é expressão de signos que encarnam o sentido como elemento da cultura. Sentido que exprime a experiência vivida nas relações sociais, entendidas estas como espaço de imposições, confrontos, desejos, paixões, retornos, imaginação e construções.

Se é neste movimento que se constitui a consciência, também esta não pode ser considerada senão em sua constante mutação.

Elege-se, portanto, o fluxo do movimento como território. Lugar de passagem e na passagem, a interação do homem com os outros homens no desafio de construir compreensões do mundo vivido. Das histórias contidas e não contadas. Dos interesses contraditórios, das incoerências. De um presente que, em se fazendo, nos escapa, porque sua materialidade "inefável" contém no aqui e agora as memórias do passado e os horizontes de possibilidades, calculados com base numa memória do futuro.

Do ponto de vista bakhtiniano, no mundo da vida "calculamos", a todo instante, com base na memória do futuro desejado, as possibilidades de ação no presente. Não se trata de reintroduzir, a partir da idéia de memória do futuro, a idéia de salvação terrestre. O "devir está problematizado e assim ficará para sempre", pois vivemos um "contexto no qual as metanarrativas de qualquer gênero são olhadas com profunda desconfiança" (SILVA, op. cit., p.14). Trata-se de pensar que a todo momento, a todo acontecimento, o futuro é repensado, refeito, e, nesse lugar desterritorializado, sempre mutável, o sujeito se situa para analisar o presente vivido e, nos limites de suas condições dos instrumentos disponíveis, construídos pela herança cultural e reconstruídos, modificados, abandonados, ou recriados pelo presente, selecionar uma das possibilidades de ação. Somos movidos pelas utopias, pelos sonhos, pois "nada é mais pobre que uma verdade sem o sentimento de verdade" (MORIN, op. cit., p. 33).

Assumindo que a relação com a singularidade é da natureza do processo constitutivo dos sujeitos e da linguagem, com a precariedade própria da temporalidade que o específico do momento implica, a instabilidade dos sujeitos – e da história – não é um problema a ser afastado, mas, ao contrário, é inspiração para recompreender a vida, assumindo a irreversibilidade de seus processos.[8] Como temos distintas histórias de relações com os outros – cujos "excedentes de visão" buscamos em nossos processos de constituição – vamos construindo nossas consciências com diferentes palavras que internalizamos e que funcionam como contrapalavras na construção dos sentidos do que vivemos, vemos, ouvimos, lemos. São estas histórias que nos fazem únicos e "irrepetíveis". Unicidade incerta, pois se compreendo com palavras que, antes de serem minhas, foram e são também do outro, nunca terei certeza se estou falando ou se algo fala por mim.

A singularidade de cada sujeito coloca, portanto, a questão das relações com os outros e com a organização social, espaço em que nos inserimos instáveis e "divididos entre o egoísmo e o altruísmo" (MORIN, 1996, p. 55). Este o espaço em que exercemos o que convencionalmente temos chamado de cidadania. E como é na "cidade", lugar do convívio conflituoso com o outro, que se processa a educação, sobre suas práticas, com base nos conceitos bakhtinianos aqui trazidos à baila, formulemos algumas perguntas.

Entre a transmissão do conhecido e a atenção ao acontecimento

É a partir da perspectiva da instabilidade – dos sujeitos, da história, da natureza – que os processos educacionais podem ser revisitados. Parece ser um pressuposto indiscutível que a educação tem por objetivo transmitir às novas gerações

---

[8] A propósito da reintrodução da "seta do tempo" nas ciências da natureza, ver Prigogine (1996).

o conjunto das experiências do passado da humanidade, sistematizado na forma de valores, saberes e conhecimentos. Neste sentido, a atividade pedagógica teria uma característica aparentemente paradoxal: enquanto prática social, ela somente existe porque a sociedade atual projeta uma sociedade futura, mas ao mesmo tempo o projeto que a sustenta tem seus fundamentos no passado. Em outras palavras, é a sociedade atual que imagina um futuro e com base nesta "memória do futuro" seleciona do passado os valores, saberes e conhecimentos que quer ver realizados.

O processo educativo coloca, portanto, três grandes questões a que, em geral, não damos muita atenção: 1. qual a sociedade futura que desejamos? 2. quais experiências do passado são suficientemente significativas para instrumentar a construção dessa sociedade futura? 3. quem, na sociedade contemporânea, responde às perguntas anteriores e define as formas de implementar o projeto que elabora?

Certamente estas perguntas não são novas e, com maiores ou menores certezas, com maiores ou menores dúvidas, abraçando ou não a ortodoxia que a história escolar e, mais especificamente, a história da disciplina em que atuamos acabam impondo como conteúdos verdadeiros e necessários, acostumamo-nos a trabalhar no presente com olhos na construção do futuro.

A organização social rotiniza os acontecimentos, fazendo com que neles não vejamos o singular, mas a repetição do mesmo, de modo que a cada momento vamos deixando de calcular os horizontes de possibilidades – os inéditos viáveis. Para a estabilização da história, é necessário não refletir sobre a nossa própria prática. É necessário que sequer nos perguntemos se utilizamos hoje o que nos foi ensinado no passado, para viver a sociedade que construímos no presente.

Certamente, não se trata de imaginar que nós, professores, somos culpados pela repetição ou que não nos apercebamos de que muitos dos assuntos estudados somente nos servem hoje para repeti-los a nossos cansados alunos, como também nós fomos cansados alunos que também nos perguntávamos "para que aprender isso?". Sem resposta para a pergunta esquecida no passado, nas dúvidas de hoje, para não prejudicar o aluno, acabamos ensinando um conjunto de conhecimentos que a tradição da disciplina listou como necessários para construir o futuro sonhado pelo passado. Passado e sonho de futuro que, certamente, não nos pertencem.

A sociedade em que vivemos hoje, construída com base no conjunto de valores, saberes e conhecimentos que nos foram transmitidos, é cada vez mais excludente. Globaliza para excluir. E sendo excludente, cada vez é menor o número de sujeitos considerados competentes para responder nossas três questões: quem define o que do passado será projetado no futuro são aqueles que se beneficiam com a exclusão e, certamente, os professores não estão entre eles. Os outros que escutam, os únicos rumores que ouvem são os humores do mercado. E no mercado atuam seus pares. A estes não interessa pensar o inimaginável e arriscar-se a extrair dos acontecimentos os conteúdos para o futuro. Interessa-lhes transmitir o conhecido para que o já acontecido permaneça como o único acontecimento possível do futuro.

Como se tornou possível esta organização social, cujo lastro é um sistema de exclusões[9], num mesmo tempo em que, de todos os lados, as ciências apontam para as instabilidades, para as identidades diferenciadas, para o local e único, para as bifurcações e para os acasos? Como a elite intelectual se articula hoje para proferir seus discursos modernos e modernizantes, reduzindo as práticas sociais, políticas e culturais

---

[9] Nas sociedades capitalistas anteriores à globalização, mesmo os excluídos eram necessários ao funcionamento dos processos produtivos. Os desempregados constituíam o "exército de reserva", necessário à manutenção da exploração da mais-valia. Hoje, os excluídos do mercado têm sequer esta função! Os excluídos do passado estavam fora para que o sistema funcionasse; os excluídos do presente são absolutamente descartáveis, estão efetivamente fora do sistema.

gestadas "fora da cidade dos letrados" a um mero caos, bandeira com que mobiliza o medo em benefício da ordem e da manutenção do estabelecido?

Compreender este processo é um interessante programa de estudos. De imediato, e a partir dos estudos da linguagem, certamente os caminhos de compreensão passam pelas questões da diversidade lingüística e da subordinação da oralidade à escrita.

A cidade das exclusões

A conquista humana do domínio da técnica da escrita alarga incomensuravelmente, no tempo e no espaço, os horizontes de nossas possibilidades interativas e, por isso mesmo, da constituição de nossas consciências. Uma tal "tecnologia", a duras penas construída, não poderia deixar de ser objeto de desejo e instrumento de dominação. É necessário fixar uma ordem à desordem resultante do alargamento possível. A leitura pressupõe uma escritura. E a escritura erigiu-se historicamente como o espaço da ordem e do limite dos sentidos. Tal uso da técnica da escrita pretendeu estancar a fluidez da palavra; entorpecer-lhe os poderes; impedir toda futura desordem pela fixação dos significantes e seus significados; definir, orientar e projetar as realizações humanas, enfim, reger a mutante vida dos homens e de seus signos.

Ao labirinto das produções fluidas da oralidade, com suas diversidades, sobrepôs-se, com a escrita, o esforço de decifração da ordem, da construção do imutável. E antes mesmo que a escrita se tornasse tecnicamente acessível àqueles que habitam as periferias das cidades e do poder, a escritura construiria uma cidade letrada, "o anel protetor do poder e o executor de suas ordens: uma plêiade de religiosos, administradores, educadores, profissionais, escritores e múltiplos servidores intelectuais" (RAMA,1984, p. 43).

Como realizar semelhante proeza se a escrita trabalha com a linguagem, objeto essencialmente mutável, sujeito às precariedades singulares dos acontecimentos interativos? Como fixar e tornar inalterável o que, na imagem de Wittgenstein (1975, p. 19), pode ser considerado "como uma velha cidade: uma rede de ruelas e praças, casas novas e velhas, e casas construídas em diferentes épocas; e isto tudo cercado por uma quantidade de novos subúrbios com ruas retas e regulares e com casas uniformes"?

A sociedade só pôde ser assim construída, sob o império de uma separação radical, a partir de uma estrutura de exclusão. Somente o exercício do poder, reservando a uma minoria estrita o acesso ao mundo da escrita, permitiu a façanha da seleção, da distribuição e do controle do discurso escrito, produzindo um mundo separado, amuralhado, impenetrável para o não convidado. E de dentro destes muros, uma função outra agrega-se à escrita, como se lhe fosse própria e não atribuída pelo poder que emana de seus privilegiados construtores e constritores: submeter a oralidade à sua ordem, função jurídica por excelência, capaz de dizer o certo e o errado, ditar a gramática da expressão, regrar os processos de negociações de sentidos e orientar, através de suas mensagens uníssonas e uniformes, os bons caminhos a serem trilhados.

Apoderar-se da letra, e da escolaridade que ela demanda, resulta de uma sábia decisão popular, porque os excluídos cedo perceberam sua significação e relevância. Mas na escola que temos e no estágio atual da estrutura de sociedade, ainda é possível apostar em políticas de construção do novo com base no instável, local, mutável e único, elegendo os acontecimentos como alavancas da reflexão sobre o múltiplo?

Certamente, a resposta a esta pergunta remete ao exercício da cidadania, espaço onde "o eu, o tu e o ele" podem calcular nossos horizontes de possibilidades, defendendo, ainda que conflituosamente, a sociedade que nossa memória do futuro projetou, para que os excedentes de visão no futuro se tornem o motivo da busca do diálogo constitutivo de sujeitos únicos e livres, e não mais o lugar da construção de uma separação radical entre os homens.

Referências bibliográficas

BAKHTIN, Mikhail. *Estética da criação verbal*. São Paulo: Martins Fontes, 1992.

GERALDI, João Wanderley. *Linguagem e ensino. Exercícios de militância e divulgação*. Campinas: Mercado de Letras/ALB, 1996.

KRAMER, Sônia. A formação do professor como leitor e construtor do saber. In: Moreira, Antônio Flávio (Org.). *Conhecimento educacional e formação do professor*. Campinas: Papirus, 1994.

MORIN, Edgar. *Amor, Poesia, Sabedoria*. Lisboa: Instituto Piaget, s/ data (original de 1997).

PRIGOGINE, Elya. O fim da ciência? In: Dora F. Schitman (Org.). *Novos paradigmas, cultura e subjetividade*. Porto Alegre: Artes Médicas, 1996.

RAMA, Angel. *A cidade das letras*. São Paulo: Brasiliense, 1985.

SILVA, Tomaz Tadeu da. (Org.). *Pedagogia dos monstros*: os prazeres e os perigos da confusão de fronteiras. Belo Horizonte: Autêntica, 2000.

WITTGENSTEIN, Ludwig. *Investigações filosóficas*. São Paulo: Abril,1975.

MODOS DE LEMBRAR, DE NARRAR E DE ESCREVER: UM ESTUDO SOBRE AS CONDIÇÕES E POSSIBILIDADES DE ELABORAÇÃO COLETIVA DA MEMÓRIA

Ana Luiza Bustamante Smolka
Adriana Lia Friszman de Laplane
Elizabeth dos Santos Braga

Em nossos trabalhos de pesquisa que vêm sendo desenvolvidos há mais de sete anos, temos enfocado as relações entre discurso e memória, ideologia e subjetividade, buscando compreender os processos de construção social da memória no espaço institucional e explorando, articuladamente, três possibilidades de recorte teórico-metodológico: 1. modos de elaboração coletiva da memória; 2. indícios da constituição da memória no funcionamento individual; 3. a memória discursiva e o pré-construído na língua. Essas discussões de caráter teórico vêm sendo trabalhadas na relação com a prática e a empiria, no âmbito da instituição escolar. O texto que ora apresentamos diz respeito a um dos filões de análise da pesquisa e tematiza os modos de lembrar em relação à produção de textos.

Ao formalizarmos esse projeto de pesquisa, depois de alguns anos de estudo sobre a memória, tínhamos como pressuposto que o discurso constitui lembranças e esquecimentos, que ele organiza e mesmo institui recordações, que ele se torna o *locus* da recordação partilhada – ao mesmo tempo para si e para o outro – *locus*, portanto, das esferas pública e privada. Sob os mais diversos pontos de vista, a linguagem é vista como o processo mais fundamental na socialização da memória. A possibilidade de falar das experiências, de trabalhar as lembranças de uma forma discursiva, é também a possibilidade de dar às imagens e recordações embaçadas, confusas, dinâmicas, fluidas, fragmentadas, certa organização e estabilidade. Assim, argumentamos que a linguagem não é apenas instrumental na (re)construção das lembranças; ela é constitutiva da memória, em suas possibilidades e seus limites, em seus múltiplos sentidos, e é fundamental na construção da história.

Um histórico da pesquisa

Em termos do trabalho prático e empírico, era um dos nossos objetivos trabalhar a construção da história de/com um grupo de crianças em idade escolar, explorando formas de registro, modos de narrar, gêneros do discurso, como instrumental técnico e semiótico na construção da memória, da história. Pretendíamos trabalhar com adolescentes das 6as séries de uma escola da rede pública de Campinas, SP, procurando criar espaços de encontros, conversas e discussões, particularmente, sobre experiências e lembranças da vida escolar. Com isso, tínhamos a intenção de provocar e proporcionar algumas condições para o desenvolvimento de um projeto que envolvesse os adolescentes na elaboração coletiva de memórias, na construção de histórias do grupo, da escola, do bairro, da comunidade.

Assim, no segundo semestre de 1997 e no primeiro de 1998, cinco anos depois de realizar uma pesquisa na 1ª série de uma escola pública, voltamos a essa mesma escola para conversar com os agora adolescentes da 6ª série, sobre suas lembranças da 1ª série. Além da professora com quem havíamos trabalhado na 1ª série, conversamos com a (nova) diretora, bem como com os professores de história e português, apresentamos a eles o projeto e discutimos formas de implementação do mesmo. Tínhamos a idéia de que começar a conversar sobre memória em aulas de história poderia ser interessante, na medida em que poderia viabilizar articulações entre memórias e histórias individuais e história coletiva. Apesar de uma certa boa vontade dos professores, ficaram claras as diferenças nas propostas e a não pertinência de uma mudança no planejamento das aulas naquele momento.

Havia muitas possibilidades para a realização desse projeto. Como ele iria ocorrer, implicava um processo de decisão passo a passo, que dependia das condições na escola, das condições dos pesquisadores, das formas de resposta e envolvimento dos adolescentes no trabalho, dentre outros aspectos. A opção era por um estudo de caráter exploratório, participativo, qualitativo.

Foi-nos possibilitado um primeiro contato com os adolescentes em uma das aulas de história, o equivalente a 50 minutos, em cada uma das turmas.

O início do trabalho com os adolescentes – definindo a dinâmica dos encontros

O reencontro entre adolescentes e pesquisadoras foi cheio de surpresas. Olhares, sorrisos, hesitações, indagações, sussurros, comentários, reconhecimentos. Os adolescentes não sabiam da visita das pesquisadoras. Não tinham, portanto, expectativas com relação a isso. Para as pesquisadoras, era um desafio identificar, reconhecer traços e expressões das crianças. As crianças de antes, com 6, 7 ou 8 anos, eram agora adolescentes, com 11, 12, 13 anos. As mudanças físicas foram acentuadas. O grupo também mudara. Muitas crianças haviam deixado o bairro e a escola, outras haviam ingressado na escola mais tarde.

(Re)Apresentamo-nos. Explicamos por que e para que estávamos ali. Solicitamos que escrevessem suas lembranças da 1ª série. Entre risos e conversas, todos escreveram. Dentre 60 alunos, pudemos reencontrar 22 adolescentes nas duas 6ªs séries.

Alguns disseram que se lembravam das pesquisadoras. Perguntamos se lembravam que haviam sido videogravados na 1ª série. Alguns disseram que sim. Dissemos que tínhamos as fitas da 1ª série, nas quais eram protagonistas. Perguntamos se gostariam de assisti-las. Sim, gostariam.

Como havíamos percebido que não seria conveniente prosseguir com a proposta junto aos professores de história ou português (naquela altura do ano letivo o programa já estava em andamento e não incluía o projeto), resolvemos propor um horário alternativo, como atividade extraclasse, para os adolescentes. A escola poderia nos ceder, para a realização das atividades, pelo tempo de uma hora, às terças-feiras, o refeitório da escola, no único intervalo disponível. Isso significava a vinda dos meninos para a escola uma hora antes do horário oficial. Ponderamos sobre riscos e vantagens: seria uma atividade totalmente "eletiva" para os adolescentes, viria só quem quisesse, e isso era, de certo modo, importante. Por outro lado, não teríamos apoio explícito nem participação de nenhum professor da escola. Seria um projeto "isolado", alternativo.

Escrevemos convites individuais, convidando todos os interessados em participar, para assistirem ao vídeo na escola. Esses encontros seriam, por sua vez, registrados novamente em vídeo e consistiriam material para análises posteriores.

Um trabalho realizado passo a passo – uma análise do processo vivido

Levar avante a proposta de trabalho dentro das condições que se impuseram foi um teste para todos. Desde o primeiro encontro, as pesquisadoras nunca sabiam quantos alunos estariam presentes, e mesmo se haveria algum aluno presente. Tínhamos clareza de que era um esforço para os alunos chegar uma hora antes do horário regular das aulas. Isso gerava sempre muita dúvida. Não obstante, não houve um só encontro em que não houvesse alguém presente, pelo menos três.

Parecia que os encontros se mantinham e eram construídos passo a passo. Em determinados momentos a participação ampliou-se significativamente, chegando a 13 participantes. Havia um núcleo fixo e os outros variavam. No total, 22 alunos participaram, levando-se em conta o conjunto dos encontros.

Nossas avaliações e análises constantes do processo mostravam o seguinte:

1. Havia, sim, muita curiosidade das alunas para assistirem às fitas (marcar o feminino aqui acaba sendo significativo). Assistindo às fitas, elas demonstravam atenção e divertimento em suas atitudes contidas, em seus cochichos e risadas. Procuravam-se nas projeções, identificavam os colegas, queriam ver mais. Não se cansavam de ver. O tempo era curto demais. Junto com essa curiosidade, no entanto, havia também muito receio. Momentos de vergonha e recolhimento, desconforto. Interpretamos a ausência ou não comparecimento dos meninos sobretudo devido a esse fator. Um único aluno, que não havia participado na 1ª série, compareceu espontaneamente à segunda sessão. Mais tarde, já em maio/98, outro aluno participou, movido, sobretudo, pela visita à escola da ex-professora da 1ª série.

2. Além dos momentos específicos das sessões das filmagens, algo importante acontecia nos grupos de alunos, nas famílias, na comunidade, que obviamente escapava das pesquisadoras, mas que produzia indicadores interessantes a respeito dos efeitos desse trabalho na escola. Comentários de alunos que não haviam comparecido, solicitações, perguntas, etc. – "Quem não assistiu vai poder ver ainda?" "Minha mãe perguntou se pode levar a fita pra casa que ela também quer assistir" – mostravam as repercussões. De algum modo, e especialmente fora do âmbito de ação das pesquisadoras, o trabalho ecoava e suscitava interesse. Ao término do ano letivo, entregamos aos alunos duas cópias editadas do material da 1ª série, para que circulassem na comunidade.

3. As alunas começaram a reconhecer nas fitas colegas da 1ª série que não estavam na 6ª. Foram encorajadas a convidar esses colegas para as sessões. Posteriormente, outros cinco alunos que estavam na 5ª série começaram a participar do grupo.

4. Procurávamos dispor os diversos materiais que havíamos guardado da 1ª série para que os alunos pudessem manuseá-los, identificá-los. As aproximações se iniciaram timidamente, com relação aos trabalhos, livros, textos. No penúltimo encontro de 97, a pesquisadora propôs a leitura dos textos da 1ª série pelos alunos e, diante da hesitação dos mesmos, tomou a iniciativa de lê-los. As reações indicavam curiosidade e dúvida, desencadeavam risadas. No último encontro foram lidos, com o consentimento dos alunos, alguns dos textos produzidos na 6ª série sobre as lembranças da 1ª série. Nesse encontro, um dos textos foi provavelmente "recolhido" pela autora, não retornando ao conjunto de textos que estava com as pesquisadoras (O texto da Vi., que será analisado na próxima seção).

5. As fitas e os materiais serviam de motivos ou pretextos para lembranças. Os cochichos assim indicavam. Mas os relatos no grupo custavam a sair. As pesquisadoras insistiam, provocavam, perguntavam... e muitas vezes as respostas se limitavam a olhares e meneios de cabeça por parte das adolescentes. Isso nos levou a considerar a importância de uma *comunidade de destino* (HALBWACHS, 1990; BOSI, 1987), e da natureza dos vínculos construídos. Lembrar por quê? Para quê? Como? Com quem? Quais os significados, os sentidos das recordações? Qual sua importância?

6. Apesar de termos participado do primeiro ano da vida escolar desses adolescentes, apesar de termos guardados os materiais por eles produzidos, que vínculos se mantiveram, que sustentariam hoje falar sobre o que se

viveu nesse intervalo? O que vale a pena ou pode ser partilhado com os outros? Que outros?

7. Quando planejamos desenvolver um trabalho sobre memória com alunos de 6ª série que iriam se assistir nas fitas de vídeo, e planejamos gravar essas sessões, deixamos de levar em conta comportamentos geralmente característicos dos adolescentes – a vergonha, a timidez, a recusa, o receio do público, a *preservação da face* (GOFFMAN, 1980). Ou seja, sobretudo nas primeiras gravações das alunas se assistindo, os comentários são inacessíveis (para conhecimento e análise), são todos feitos ao pé do ouvido das colegas.

8. As condições de tempo e horário eram absolutamente precárias, impedindo o desenvolvimento das atividades de maneira tal que se pudessem estabelecer vínculos um pouco mais duradouros e criar projetos coletivos.

9. As condições de projeção (instalação da TV e do vídeo no refeitório da escola) atrapalhavam o som e dificultavam a compreensão das vozes no material gravado. O local utilizado era o refeitório, todo ladrilhado, onde ecoava o barulho do recreio das crianças lá fora. Quase não se ouvia o som da TV, que ficava embutida em um armário de madeira fechado no alto da parede. Essas condições melhoraram quando pudemos utilizar a sala dos computadores (dois últimos encontros de 97 e encontros de 98). A esta altura, a TV e o vídeo já estavam instalados em um suporte móvel adequado para serem transportados.

10. No período de desenvolvimento do projeto, foram quatro diretoras que assumiram a condução da escola. Cinco ou seis anos antes, a escola era considerada um modelo: pequena, limpa, com quadro docente na sua maioria estável, diretora dedicada à escola há anos; três períodos (matutino, vespertino e supletivo no noturno). Agora, são quatro períodos, quadro docente instável, superpopulação e inadequação das condições.

O movimento ininterrupto e a falta de condições físicas adequadas dificultam a limpeza. De fato, aumentou a população escolar e o terreno da escola foi reduzido. Criou-se uma sala para computação, com 20 máquinas, que funcionou por um ano e estava ociosa por falta de professores interessados ou disponíveis. Era flagrante uma acentuada degradação na qualidade, notável, sobretudo, para quem retorna à escola depois de cinco anos.

11. Nessas condições, indagávamos: o que vale a pena lembrar? O que vale a pena narrar? Por quê?

12. A cada encontro com os adolescentes, procurávamos discutir possibilidades de continuidade do trabalho, levantando com eles várias alternativas sobre o que poderia ou valeria a pena ser feito para conhecer e registrar lembranças e histórias – na escola, no bairro, na cidade, na vida familiar, no nível individual. Mapas, trajetória dos alunos, lugares de nascimento e referência, movimento migratório, álbum de fotografias... A idéia era chegar a um projeto conjunto que os envolvesse. Enquanto projeto, isso não chegou a se realizar. Há, contudo, momentos e fragmentos esparsos registrados nas fitas de vídeo, indicativos de interesses e possibilidades, que merecem ser analisados. Uma análise detida do material videogravado ainda se faz necessária.

13. Os estudos sobre memória desdobraram-se de, e junto a, estudos sobre discurso, ideologia, história, subjetividade. Nesse sentido, os textos produzidos pelos alunos constituíram material relevante para análise. É o que apresentaremos no próximo tópico.

Uma análise dos textos produzidos pelos adolescentes – memória e escrita

Os textos escritos pelos alunos no dia do reencontro tornaram-se um interessante objeto de análise, importante por vários motivos: desde identificar os adolescentes e conhecer lembranças – individuais, coletivas – e saber o que de alguma forma foi ou permaneceu como significativo no início da vida escolar até uma análise mais refinada dos modos de dizer e das possibilidades de lembranças historicamente construídas.

Em uma primeira aproximação, começamos a organizar o material, tomando por base temas (coisas ou eventos que puderam ser lembrados) referidos e modos de falar sobre os assuntos.

Um primeiro ponto que pode ser levantado com relação ao conjunto dos escritos é que as lembranças estavam claramente configuradas por uma certa posição social, isto é, eles falaram sobre suas memórias como alunos, em um contexto escolar, circunscritas a esse espaço social. Isto certamente distingue estas lembranças de outras, trabalhadas em contextos diferentes (por exemplo, na família, com os avós, etc.). Assim, os textos dos alunos falavam sobre quem eram os professores, sobre a diretora da escola e as pesquisadoras na escola; como era a rotina da escola, o horário das aulas, a hora do recreio e do lanche; o que mais gostavam, quem eram os amigos preferidos; atitudes e comportamento; o que eles aprenderam, que livros leram ou que histórias ouviram. Alguns textos apresentaram lembranças peculiares, bem particulares, trazendo um componente de caráter explicitamente subjetivo.

Considerando, portanto, as condições de produção dos textos dos alunos, o contexto de sala de aula, a escrita como uma tarefa escolar, as especificidades da produção escrita individual, as relações de cada aluno com o texto, etc. – pudemos ler uma diversidade de modos de narrar e registrar como indicando muitas possibilidades de elaboração da memória.

Por exemplo:

"Não gosto de lembrar da minha 1ª série". (Ed.)

"Eu lembro que eu repeti a 1ª série". (Ad.)

"Eu me lembro: pouco da 1ª série (infelismente). (Ev.)

"Lembro pouco de vocês, mas lembro... Sinto saudades". (Th.)
"Hoje estou me lembrano dos momentos inesquecíveis que sempre vão estar comigo". (Va.)
"Ainda existo. A.L.B." (An.)
"Na primeira serie eu bagunçava de mais eu era o capeta eu passava a mão nas meninas ficava respondendo a professora a minha eis professora se chamava M.G. eu ia para a diretoria direto más eu me safava das mãos da diretora briguei de mais com as pessoas jingava era brincalham olhava as causinhas das meninas não estudei nada". (Da.)

Estes modos singulares de posicionamento na realização da tarefa – dificuldade ou resistência para lembrar, recordação como uma atividade prazerosa – nos levam à consideração de uma matriz/trama de significações – antes (1ª série) e agora (6ª série) – que permite a construção de memórias coletivas, partilhadas. Se o próprio ato de lembrar se tornou, para alguns alunos, objeto de atenção e reflexão, para outros, emoções, afetos, sentimentos, conhecimento, tornaram-se relevantes ou irrelevantes, lembrados ou não-lembrados/esquecidos, como objeto de consideração na escrita. Isto porque, é importante apontar, entre *lembrar* e *falar/escrever sobre* o que se lembrou, sobre as lembranças, sobre o próprio ato/movimento/esforço/ trabalho de lembrar, há distinções fundamentais. O que foi/é escrito não é necessariamente o que foi/é lembrado. Nem todas as lembranças são registradas.

Enfocando os textos de Ed. e Ev. podemos analisar diferentes significações e posições dos sujeitos na trama das relações. Para Ed., lembrar, ou escrever sobre as experiências da 1ª série é desconfortável, negativo. O acesso às suas lembranças é negado aos outros pela opção de não dizer, não falar sobre elas. Para Ev., lembrar, mesmo as coisas ruins, pode ser divertido. Enquanto Da. se expande sem censura em seu relato, tão explicitamente marcado pelas experiências dos seus atuais 13 anos, An. se recusa a escrever e acaba por dar uma resposta à pergunta de uma das pesquisadoras: *como é que eu vou saber que você ainda existe?* Apesar de sua recusa à realização da tarefa, encontramos, na pilha dos outros textos da classe, uma folha de sulfite cortada ao meio com o texto transcrito acima.

Mas se nem tudo é lembrado, e se o que é lembrado não é necessariamente falado ou escrito, o que foi escrito pelos alunos? O que foi registrado, e como podemos analisar? Destacamos, inicialmente, quatro textos para comentar:

(1) *"... elas filmavam a gente estudando, brincando, etc. Na hora do recreio eu chupava chupeta porque eu tinha vergonha de chupar na sala."* (Vi.)

(2) *"Eu lembro na primeira série que eu tinha ganhado uma caneta de duas cores do meu tio. E eu levei no outro dia a caneta para escola para mostrar para minhas colegas e a professora viu eu mostrando minha caneta e ela foi e pegou e não me devolveu ai minha mãe foi na escola conversar com ela ai a professora falou para não trazer mais a caneta porque a gente só usava lápis."* (Gi.)

(3) *"Eu me lembro: pouco da 1ª· série (infelismente) estudei com a professora M.G. a diretora era a R. isso nunca me esquecerei, era muito gostoso, pois era a primeira vez que ia saber ler escrever enfim; bagunçar e brincar, foi passando se os anos e agora estou na 6ª· série: faz 5 anos: lembro que estavamos escrevendo quando chegou duas mulheres e começaram a falar muitas coisas bonitas foi muito bom, depois elas falaram que ia gravar a gente chegou um rapaz moreno e gravou eu não me lembro direito mas parece que no dia seguinte ou na semana seguinte eles voltaram e tornaram a gravar, foi duas vez parece. Ai uma vez ela trouxe uma menina e uma mulher que falavam inglês: a menina colocou o alfabeto dela na losa muito gosado e legal a*

menina tirou fotos com a gente comeu conosco a merenda e ai nunca mais voltaram. hoje eu me lembrei que eram as mesmas mulheres que estavam na primeira série e agora estam a companhando a gente na 6ª Muito divertido fazer a gente lembrar das coisas boas e ruins mas eu gostei." (Ev.)

(4) *"Bom as meninas, que estudaram comigo disseram que estudamos com a Dona Iv., mas algumas disseram que estudamos com a Dona M.G., mas minha opinião é que estudei com a Dona Ci. Mas tanto faz, conheci todas elas e elas eram e são ainda muito legais. Lembro pouco de vocês mas lembro, lembro que em festas que nossa classe organizava lá estava a senhora dona Ana, com a camera na mão nos filmanos foram tempos muito legais, sinto saudades daqueles tempos que se passaram á 5 anos gostaria de revivelos agora já com meus 12 anos, por que quero reviver esses momentos adoráveis? Por que já estou grande e gostaria de conversas com todos os meus colegas daquela época professores vocês e eu. Sinto saudades, foi bom revelas depois de tanto tempo".* (Th.)

Ev. (3) escreve sobre a visita de uma estudante estrangeira, originalmente da Sérvia, e sua filha, uma menina de seis anos, à escola. Elas não apenas falavam inglês, mas a menina escreveu o alfabeto cirílico na lousa. A visita constituiu um evento não usual na escola, que alterou a rotina dos alunos; diferente era a língua, e diferente também o alfabeto. Este foi um evento vivido e partilhado por todas as crianças da 1ª série, em 92. Mas apenas Ev. escreveu sobre ele. A escrita de Ev. nos mostra lembranças relacionadas ao conhecimento, à escola, ao alfabeto, à linguagem.

Quando Gi. (2) escreve sobre sua experiência com a caneta de duas cores, ela fala sobre um episódio que aconteceu na sala de aula e foi vivido, assistido, por muitas crianças. Ela fala de sua posição "como sujeito em questão" e, apesar de não dizer explicitamente de seus sentimentos, fica sugerido no texto seu desapontamento. O texto se refere à caneta, um objeto (escolar) do qual ela estava orgulhosa e que, não sendo permitido na sala de aula, provocou castigo e reprimenda pública.

Vi. (1) nos conta de sua experiência particular e nos fala de seu sentimento de vergonha por chupar uma chupeta, objeto pessoal que, em princípio, não pertence ao universo escolar.

O texto de Th. (4) explicita dois aspectos extremamente significativos: a) apresenta uma fala sobre o ato/esforço de lembrar; b) e fala sobre a lembrança pelo discurso (do outro). Th. admite que não lembra muito. Refere-se ao seu esquecimento. Aqui, vale a pena ressaltar que isto só é possível pelo discurso. Th. se refere às falas das colegas. No entanto, não as assume. Enfatiza sua opinião. Fazendo isso, ela não parece estar preocupada com a veracidade dos fatos ou a exatidão das experiências: *"Mas tanto faz..."*. O que importa, então?

Como muitos autores apontam, as lembranças emergem dinamicamente, permeadas e constituídas pelos sentimentos, conhecimentos, emoções. Em certas circunstâncias, fragmentos ou traços significativos para o sujeito podem ser lembrados ou esquecidos. As recordações têm, em geral, uma qualidade nebulosa, confundindo e condensando imagens, lugares, espaço, tempo...

O que importa, afinal? É a experiência vivida? A experiência lembrada, recordada? A experiência relatada? A experiência transformada em narrativa – para si, para o outro? Uma versão adequada, apropriada, pertinente, confiscável, da experiência vivida? O que importa, no caso de Th., não parece ser a força de um fato, mas o significado de uma relação, um sentimento relacionado a um certo estado de coisas, uma memória de afeto.

No texto de Th. (4), o "discurso do outro" aparece no discurso indireto, mas dentre as muitas vozes, a voz de Th., enquanto sujeito, autora, contradiz a voz da experiência coletiva e distingue-se como singular. Se a experiência era partilhada, as lembranças não coincidiam.

Na produção escrita de Ev. (3), ela se refere a algo partilhado também com os pesquisadores: na realidade, os pesquisadores promoveram a visita da estudante sérvia à escola. Assim, sua fala poderia ter sido enunciada por todos os que participaram da experiência.

Uma análise do texto de Gi (2) mostra uma teia de relações dentro e fora da escola e o valor que um objeto cultural adquire nessas relações e nesses lugares. Sua voz reclama da autoridade, explicita relações de poder e questiona normas estabelecidas.

No texto de Vi. (1) podemos ouvir, na voz do sujeito, uma voz pública, uma censura internalizada, enraizada, escondida no sentimento de vergonha (não se deve chupar chupeta na escola).

Os fragmentos dos textos dos alunos podem ser considerados como indicadores de como fragmentos de recordações e lembranças tornam-se organizados e constituídos no e pelo discurso; como, pelo discurso, as lembranças e o próprio ato da recordação tornam-se objeto de reflexão. Mas ainda podemos indagar: como as lembranças, às vezes vívidas, às vezes difusas, às vezes "emprestadas" de outros, não desaparecem, pelo contrário, tornam-se estáveis, alcançam um estatuto comum, público, possibilitando a construção da história? Que lembranças se tornam parte da história? De que história?

O que importa, afinal? Experiências de quem? Memórias de quem? Palavras de quem?
– memória coletiva e possibilidades de elaboração de histórias

Quando lemos o texto de Va. (5), a primeira impressão que tivemos foi que ela trazia uma *memória emprestada*

(HALBWACHS, 1990) – experiências de outros tornadas próprias pelo discurso do outro –, uma vez que sabíamos que ela não fazia parte do grupo de crianças filmadas em 92.

O texto é o seguinte:

(5) *"Eu estudo aqui nessa escola deis da primeira série, a professora se chamava M. G. (usa corretor). Eu lembro que sempre a Ana filmava nós, muita gente com que estudo hoje estudava na primeira série. A Ana Luiza (usa corretor) ficava observando nós muito. Uma vez nós estamos fazendo um trabalho em grupo a professora Ana Luiza (usa corretor) começou a nos filmar (usa corretor) com a camera."* (Va.)

Nos encontros subseqüentes, em que foram apresentadas as fitas de vídeo, Va. insistia em afirmar que ela havia sido filmada, forçando as pesquisadoras a considerarem um aspecto completamente não planejado. Em 1991, Va. e sua irmã gêmea, Pa. (bem diferente de Va.), estavam na 1ª série quando, já no final do ano letivo, uma das pesquisadoras iniciou um estudo exploratório na escola. Em 1992, ambas as meninas permaneceram na 1ª série, com outra professora, em uma outra turma. Por isso elas não apareciam nas gravações de 92. No entanto, de fato, elas haviam sido filmadas em 91.

O fato de ambas as meninas estarem presentes à primeira sessão de vídeo e seus comentários a respeito de não terem se visto nas fitas levaram a pesquisadora a lembrar as gravações de 91. Por que estamos chamando atenção para esse acontecimento? Por que atribuir a ele especial relevância?

Este acontecimento levou-nos a tomar distância do projeto de pesquisa e indagar sobre nossa posição enquanto pesquisadoras. Analisando essa posição, levantamos alguns pontos: nós, adultos, pesquisadoras na universidade, tínhamos intenção e tomamos a iniciativa de propor um estudo com os mesmos sujeitos de uma pesquisa anterior; havíamos sido participantes no curso do primeiro ano escolar desses sujeitos; tínhamos conosco materiais produzidos por esses sujeitos, então alunos da 1ª série. Tínhamos algo que os alunos não tinham: alguns dos seus desenhos, dos seus trabalhos, dos textos que eles produziram como autores, ainda no processo de aprender a ler e a escrever; tínhamos os livros que eles ouviram; tínhamos os registros, os documentos. Isso nos dava "autoridade" para implementar a proposta e constituía um motivo forte para convidá-los a participar da pesquisa atual.

A situação da pesquisa havia sido definida com base em alguns pontos de referência – ano: 92; professora: MG; classe: 1ª série. Isso se tornou um "script" para as pesquisadoras, que circunscreveu e contingenciou suas próprias recordações. Como investigadoras, nos prendemos ao "script" inicial. Por que suspeitamos do texto de Va.? Isso se torna particularmente interessante de analisar, sobretudo de um ponto de vista discursivo.

Do nosso ponto de vista, podíamos reconhecer nossa própria fala, nossas palavras, no texto de Va. Nada peculiar ou particular marcava sua posição no texto (como por exemplo, a chupeta, a caneta, a visita, a bagunça, o esquecimento). Ela parecia escrever o que estava sendo falado, o que estava circulando como discurso no momento da proposta. A suspeita parecia estar não só no não reconhecimento da aluna (suas características físicas, por exemplo), mas na coincidência entre o *fato vivido/lembrado* (pela adolescente) e a *fala do outro* (pesquisadora). Para nós, esse encontro de vozes produziu um efeito de eco, sugerindo uma "memória emprestada". Por outro lado, com relação às nossas próprias lembranças, tivemos que enfrentar o fato de que *sabíamos* que Va. não estava na 1ª série da professora MG em 92, mas *havíamos esquecido* que ela estava em 91. Isso, acrescido das marcas de uso do corretor (nos nomes da professora, da pesquisadora), interferiu fortemente na interpretação, na leitura do texto de Va. De fato, revendo as fitas, lá estavam, Va. e Pa., no primeiro dia de gravação na sala da primeira série da professora MG, trabalhando em grupos...

Assim, se tínhamos o projeto, os materiais, o conhecimento e a intenção de provocar os alunos para lembrarem e falarem das lembranças da primeira série, fomos levadas, particularmente por Va., a deixar nossa posição de provocadoras e explorar nossas memórias, dessa vez sem um "script". Isso também nos levou a aprofundar nossas indagações sobre os modos de constituição da memória, sobre as condições de organização de memórias sociais/individuais, sobre a voz do outro na rememoração coletiva/privada. De fato, pode-se guardar materiais e não torná-los memoráveis. No episódio envolvendo Va. e as pesquisadoras, a aluna resiste e impõe sua voz, seu direito a outras lembranças, recordações que, confrontadas com as nossas, indicam muitas possibilidades de construção da história, questionando nossa versão, validando sua posição como participante de um *memorável* grupo de crianças, videogravado em uma primeira série, em 1991, lembrando às pesquisadoras momentos especiais na história de sua própria pesquisa.

Memória, discurso e produção de sentidos: o texto e o vídeo

Edwards, Potter & Middleton (1992) são bastante enfáticos na sua proposta e defesa de um modelo discursivo para analisar a recordação coletiva. A partir das reflexões propiciadas pelas análises do nosso material empírico, queremos trazer alguns pontos de debate que podem contribuir para levar avante essa discussão.

Até o presente momento, podemos esquematizar as análises dos textos apresentadas acima da seguinte forma, levando em conta o que foi explicitado pelos alunos na produção escrita, com respeito a locais, eventos, objetos, sentimentos:

Ev. (texto 3)
- espaço público da sala de aula
- evento vivido com a classe/partilhado por várias crianças
- mencionado por apenas uma aluna
- lembranças relacionadas a fato incomum, conhecimento escolar, alfabeto cirílico

Gi. (texto 2)
- espaço público da sala de aula
- várias crianças participam
- autora como referência central da experiência
- lembranças relacionadas a um fato particular, objeto escolar – caneta (valor/inadequação), repreensão, ressentimento

Vi. (texto 1)
- espaço público vivido de modo privado
- público inexistente ou não referido
- autora como referência central da experiência
- lembrança relacionada a um fato particular, objeto pessoal, não escolar (chupeta), sentimento de vergonha

Th. (texto 4)
- confronto de lembranças
- referência a falas de outros
- oposição a essas falas
- lembranças ligadas não à veracidade dos fatos, mas à memória do afeto

Va. (texto 5)
- espaço público

- várias crianças participam
- referência ao trabalho em grupo
- lembrança relacionada a fato comum, cotidiano

São variadas as posições dos sujeitos com relação ao que dizem e como dizem:

Vi.1 – na voz do sujeito, a censura internalizada, escondida no sentimento de vergonha;

Gi.2 – a voz do sujeito indica reação e assujeitamento à norma, desconforto com relação à autoridade;

Ev.3 – na voz do sujeito, a experiência incomum vivida coletivamente; voz que poderia valer pelas vozes de todos;

Th.4 – a voz do sujeito contradiz a experiência coletiva;

Va.5 – a voz do sujeito pode valer pela voz de qualquer um; ecoa experiência comum, coletiva.

Mas, procurando ainda aprofundar a compreensão daquilo que produziu a suspeita na leitura do texto de Va., – por que não houve suspeita com relação a nenhum outro texto? por que não duvidamos da chupeta da Vi., da caneta da Gi., da bagunça de Da.? por que não nos incomodou o esquecimento de Th.? por que nos incomodou a "verdade" no texto de Va.? – procedemos, novamente, à análise, buscando desta vez relacionar modos de dizer e posições dos sujeitos em relação às lembranças e à escrita.

Tomemos novamente como referência os textos aqui já apresentados:

No texto de Ev., quando a autora se refere a uma experiência vivida no espaço público da sala de aula, faz referência explícita a um *outro específico* em suas lembranças. Nos textos de Gi. e Vi., as experiências também acontecem no espaço público, mas elas se referem a si próprias como *sujeito específico* de suas lembranças, agindo ou sofrendo a ação de outros. No texto de Th., ela se refere a suas lembranças e esquecimentos em relação a *outros não específicos*. No texto de Va., seu modo de escrever refere a uma experiência partilhada, comum, na qual ela se inclui como *sujeito não específico* em/de suas próprias lembranças. Seu modo de falar/escrever mostra um apagamento do sujeito no movimento coletivo. Sua voz ressalta a experiência coletiva marcada no discurso.

Ainda, nessa análise das relações e posições dos sujeitos no discurso, muitas possibilidades de *vozes* e *perspectivas* na narrativa de histórias podem ser apontadas. Nessas vozes e perspectivas pudemos estabelecer algumas relações entre experiências, lembranças e discurso. A partir do material empírico, traçamos algumas correspondências:

1. a narrativa do sujeito parece coincidir com as experiências de outros (Ev., texto 3);
2. a narrativa do sujeito parece não coincidir com o evento vivido ou a experiência de outros (Vi., texto 1 e Gi., texto 2);
3. a narrativa do sujeito não coincide com a narrativa de outros (Th., texto 4);
4. a narrativa do sujeito coincide com a experiência e coincide com o discurso de outros (Va., texto 5).

Um ponto que chamou particularmente nossa atenção, e que provocou o desdobramento de novas indagações, foi que, precisamente onde havia coincidência entre as experiências do sujeito e do outro e havia coincidência do discurso do sujeito com o discurso do outro, a suspeita irrompeu. Por quê? Como?

Aparentemente, o "mesmo" discurso. Aparentemente, a "mesma" experiência partilhada. Se havia coincidência entre discursos e experiências, as recordações eram diferentes, as posições de sujeito não eram as mesmas. Isto produziu diferentes sentidos. A suspeita foi um dos sentidos possíveis que emergiu na conversa e nas lembranças. Um *efeito discursivo* produzido na diferença de posições e na confluência do esquecimento do pesquisador com um modo particular de inscrição de Va. no discurso (como *sujeito não específico*).

Isso nos leva a considerar que o sentido e a verdade dos enunciados são produzidos nas relações. As palavras podem ser as mesmas, mas as significações, os sentidos que se produzem, são diferentes. Semelhança e diferença... No início, só conseguíamos ver no texto de Va. a semelhança com a nossa fala. Pelas análises, pudemos perceber uma voz que indicava diferenças.

Quanto a isso, notamos que, se a dúvida, a suspeita, a incerteza marcaram a interpretação das pesquisadoras, a insistência e a reiteração marcaram a atitude das meninas. As marcas do corretor, que contribuíram para uma interpretação de um "não saber" de Va., na realidade, poderiam ser lidas como um "esforço para lembrar com os outros", elaboração da memória coletiva por excelência. Mas esse "esforço para lembrar com os outros" precisa, necessariamente, corresponder à "verdade" do ocorrido? Ou seja, qual seria a plausibilidade, a veracidade do texto de Va. se ela não tivesse mesmo participado? Quantas de nossas memórias são *emprestadas* dos outros... Na verdade, quantas são constituídas na/pela experiência vicária, marca fundamental na prática especificamente humana.

Ainda, um outro detalhe na situação se torna de fundamental importância: a função das fitas de vídeo enquanto *lugares de memória* (Le Goff, 1996). As fitas possibilitam *enxergar* o acontecido. Possibilitam uma infinidade de (re)leituras. Dentre elas, tornam possível a "verificação" dos fatos. É a *imagem externalizada*, que se torna visível para todos. Foi essa possibilidade que acabou por determinar também os sentidos das lembranças e das leituras...

Na busca insistente das pesquisadoras para tentar localizar Va. nas fitas, ela continuou não sendo reconhecida. Seu nome constava no caderno de anotações. Mas o reconhecimento só foi feito pelas pesquisadoras ao assistirem, junto com o grupo de adolescentes, às fitas de vídeo. Então, indagamos: como se dá a recordação, o (re)conhecimento? Que traços, que pistas, que sinais, que imagens, que palavras, provocam, incitam, disparam, constroem memórias e sentidos partilhados?

Um projeto de investigação sobre as possibilidades e os modos de construção coletiva da memória e da história na escola vai se fazendo nas reflexões sobre as condições de possibilidades de (re)conhecimentos, de esquecimentos...

Referências bibliográficas

BARTLETT, F. *Remembering: a study in experimental and social psychology*. London: Cambridge University Press. 1977.

BERGSON, H. *Matéria e memória*. São Paulo: Martins Fontes, 1990.

BOSI, E. *Memória e sociedade: lembranças de velhos*. São Paulo: Queiroz/Edusp, 1987.

BRAGA, E. S. *Aspectos da constituição social da memória no contexto pré-escolar*. Campinas: Programa de Pós-Graduação da Faculdade de Educação da UNICAMP, 1995. (dissertação de mestrado)

BRANDÃO, C. *As faces da memória*. Campinas: CMU, Coleção Seminários, 1995.

EDWARDS, D., POTTER, J. & MIDDLETON, D. Toward a discursive psychology of remembering. *The Psychologist: Bulletin of the British Psychological Society*. 1992, vol. 5, 441-446.

FREUD, S. Lembranças encobridoras. *Obras Completas*, vol. III. Rio de Janeiro: Imago, 1989. p. 333-354.

GAGNEBIN, J. M. *Sete aulas sobre linguagem, memória e história*. Rio de Janeiro: Imago, 1997.

GOFFMAN, E. *Estigma: notas sobre a manipulação da identidade deteriorada*. Rio de Janeiro: Zahar, 1980.

HALBWACHS, M. *A memória coletiva*. São Paulo: Edições Vértice, 1990.

LE GOFF, J. *História e memória*. Campinas: Editora da UNICAMP, 1996.

LURIA, A. R. *The mind of a mnemonist.* UK: Basic Books, 1968.

MAINGUENEAU, D. *Génèses du discours.* Paris: Mardaga, 1984.

MIDDLETON, D.; EDWARDS, D. *Memoria Compartida. La naturaleza del recuerdo y del olvido.* Barcelona: Paidós, 1990.

PÊCHEUX, M. *Semântica e Discurso: uma crítica à afirmação do óbvio.* Campinas: Editora da UNICAMP, 1988.

PROUST, M. *Em busca do tempo perdido.* Rio de Janeiro: Globo, 1988.

ROSENFIELD, I. *L'invention de la mémoire.* Paris: Flammarion, 1989.

SANTO AGOSTINHO. Confissões. In: *Os pensadores.* São Paulo: Nova Cultural, 1984.

SMOLKA, A. L. B. Linguagem e conhecimento na sala de aula: modos de inscrição das práticas cotidianas na memória coletiva e individual. *Anais do Encontro sobre Teoria e Pesquisa em Ensino de Ciências: linguagem, cultura e cognição.* Faculdade de Educação da UFMG e Faculdade de Educação da UNICAMP, 1997.

_____. A memória em questão: uma perspectiva histórico-cultural. *Educação e Sociedade.* n° 71. Campinas: CEDES, 2000.

SPENCE, J. *O palácio da memória de Matteo Ricci.* São Paulo: Companhia das Letras, 1986.

VYGOTSKY, L. S. Lectures on Psychology. *The collected works of L. S. Vygotsky.* Vol. I. Problems of General Psychology. New York: Plenun Press, 1987.

_____. *A formação social da mente.* São Paulo: Martins Fontes, 1984.

_____. *Imaginación y el arte en la Infancia.* México: Hispánicas, 1987.

YATES, F. A. *The Art of Memory.* Chicago: Chicago University Press, 1966.

A FORMAÇÃO DO PRODUTOR DE TEXTO ESCRITO NA ESCOLA: UMA ANÁLISE DAS RELAÇÕES ENTRE OS PROCESSOS INTERLOCUTIVOS E OS PROCESSOS DE ENSINO

Leiva de Figueiredo Viana Leal

> Para a palavra (e, por conseguinte, para o homem), nada é mais terrível do que a irresponsividade (a falta de resposta).
>
> Bakhtin (1992, p. 356)

Questões como "o que significa escrever" e "o que significa ensinar a escrever" são constantemente evocadas por aqueles que, de uma forma ou de outra, se sentem responsáveis por formar produtores de textos competentes, capazes de interagir, pela escrita, de forma eficaz, em diferentes instâncias interlocutivas. Essas preocupações são sinalizadoras de que a uma concepção tradicional, que manda escrever, contrapõe-se uma outra, que objetiva entender os processos de escrita, o funcionamento de um texto escrito, para poder ensinar.

Pesquisas que tomam como referencial a perspectiva interacionista da linguagem vêm permitindo, há algum tempo, redimensionar o processo ensino-aprendizagem do texto escrito na escola.

Estudos como os que realizamos (Leal, 1992, 1999) apontam que o que se ensina na escola, desde as primeiras aprendizagens, longe de se constituir em espaço dialógico para produção de sentidos, transforma o texto escrito em um objeto fechado em si mesmo.

Nesse espaço de luta ou de passagem entre o que se ensina e o que é desejável ensinar na escola é que as questões acima ganham relevância. Mais recortadamente emergem indagações a respeito do processo de aquisição do texto escrito e de seu conseqüente desenvolvimento.

Embora reconhecendo a complexidade da questão e os desdobramentos que ela permite, optamos por abordar aqui um dos seus aspectos: a relação de interlocução como base do processo ensino-aprendizagem do texto escrito.

Longe da perspectiva do abandono e da solidão a que são submetidos os alunos em muitas práticas escolares, o que aqui preconizamos é um modo de se relacionar com o texto que, por sua vez, é um modo de se relacionar com as pessoas e, conseqüentemente, com a própria existência.

Um pouco de reflexão

Pensar o ensino de produção de texto requer pensar, em primeiro lugar, que um texto produzido por um aprendiz manifesta-se como o produto de um sujeito que, a seu modo, através das diversas possibilidades e formas de linguagem, busca estabelecer um determinado tipo de relação com o seu interlocutor.

Nesse processo, uma pergunta fundamental emerge: para que se escreve? Umas das respostas possíveis é: para ser lido e compreendido. Reconhecemos, de antemão, que os alunos, quando produzem os seus textos, em qualquer momento de sua vida escolar, esperam uma resposta ao que produziram. Para Bakhtin (1992, p. 294), "o locutor termina seu enunciado para passar a palavra ao outro ou para dar lugar à compreensão responsiva ativa do outro."

Portanto, o aprendiz (o aluno), na escola, ao dar lugar à compreensão responsiva ativa do outro (o professor), espera dele algum retorno, não um retorno qualquer, mas algo capaz de permitir uma dialogia, entendendo-a como um momento de produção de sentido, de dizeres e de trocas significativas. Assim, se logo nas primeiras aprendizagens o que o aluno obtém como resposta à sua produção se transforma em silêncio (atividades que se fecham na própria produção textual e são arquivadas em um caderno ou pasta escolar) ou obtém a marca de um *visto* (visto não significa lido, significa "vistoria", ver se fez) ou, ainda, uma nota ou um conceito, pode-se deduzir que esse sujeito aprendiz encontra-se destituído das reais possibilidades de interação. Dito de outro modo, o aluno passou a palavra ao professor para ser lido e não para obter um conceito ou ser enquadrado em categorias que classificam, que buscam verificar onde há erro ou onde há acerto.

Um olhar sobre o que acontece em determinadas práticas de sala de aula revela que, na escola, inverte-se essa lógica: o aluno não escreve para ser lido, mas para ser corrigido. A lógica escolar elimina, desse modo, a atitude responsiva ativa, pois o aluno sabe de antemão que nada ou muito pouco pode esperar como resposta efetiva ao que produz. O resultado é o entendimento ou a introjeção de que o texto escrito é sempre um produto fechado, com fim em si mesmo. É o que afirma Bakhtin: "se nada esperamos da palavra, se sabemos de antemão tudo quanto ela pode dizer, esta se separa do diálogo e se coisifica" (1992, p. 350). Nessa perspectiva, podemos imaginar que o *FIM* colocado pelos aprendizes, em suas produções escritas, ao contrário de significar para o seu leitor que o texto ali se encerra, pode estar sinalizando para um outro lado da questão, isto é, sabendo que não há respostas possíveis, ali tudo se fecha, não há continuidade, não há espaço para um diálogo.

Para compreender um texto é necessário entender como se realiza a discursividade que o constitui, isto é, reconhecer que um texto é um conjunto de relações significativas, produzidas por um sujeito marcado pela sua condição de existência histórica e social, pela sua inserção em determinado mundo cultural e simbólico.

Os aprendizes de produção de texto (como quaisquer outros) são sujeitos que interagem verbalmente, isto é, produzem discursos em uma determinada situação comunicativa e o fazem a partir de um lugar social e histórico determinado. Assim, agem *sobre* e *com* a linguagem, produzindo um trabalho lingüístico. Ou, como afirma Geraldi:

> pode-se dizer que o trabalho lingüístico é tipicamente um trabalho constitutivo: tanto da própria linguagem e das línguas particulares quanto dos sujeitos, cujas consciências sígnicas se formam com o conjunto das noções que, por circularem nos discursos produzidos nas interações de que os sujeitos participam, são por eles internalizadas. (1996, p. 28)

Os textos, produzidos por aprendizes em diferentes formas constituem-se, pois, em enunciados concretos que manifestam o modo como esses sujeitos produtores se relacionam nesse processo constitutivo.

De que estamos falando, afinal? Estamos reiterando a necessidade de que aquele que ensina a escrever e que, portanto, é o leitor privilegiado dos textos produzidos pelos aprendizes possa fazê-lo com os olhos da compreensão, isto é, reconhecer que os textos, como instâncias discursivas individualizadas, são atravessados por um conjunto de fatores ou de determinantes. Consideramos que saber detectar nos textos as marcas desses determinantes é poder começar a receber a palavra do "outro" (do "aprendiz"), para poder realizar a atitude responsiva ativa. É desse aspecto que trataremos a seguir, ressaltando, no entanto, que muitos outros aspectos podem ser discutidos no âmbito da responsividade. Portanto, uma análise parcial dos determinantes da interação constitui *um* dentre outros aspectos igualmente relevantes.

Um pouco de leitura de textos dos alunos: análise de alguns determinantes da interação

Para começar, tomemos o texto 1, produzido por uma criança no período de alfabetização:

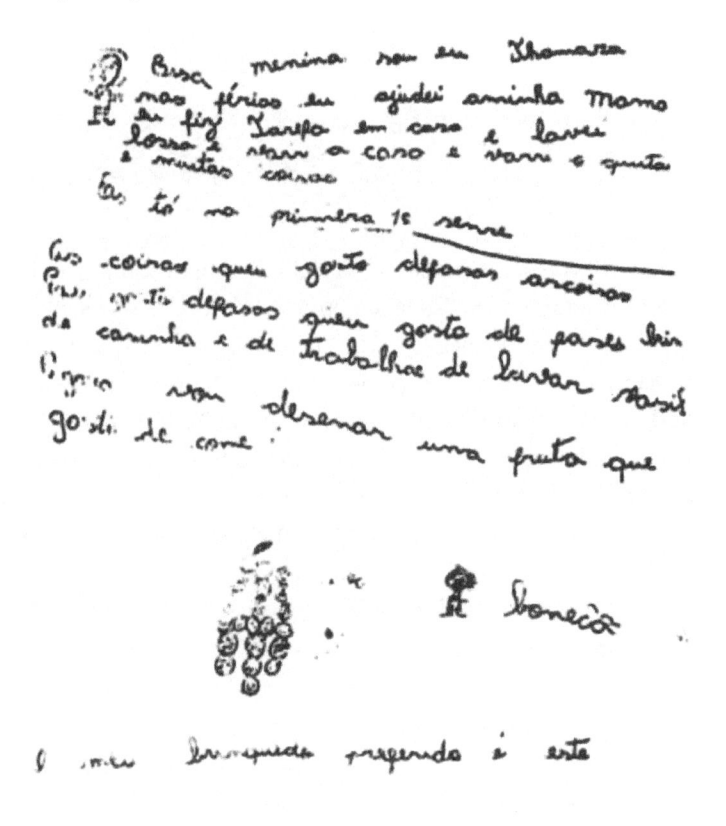

Em uma primeira leitura do texto, chama-nos atenção o fato de a interlocutora separar o texto com um traço: na primeira parte, expressa o que fez durante um determinado período de férias; na segunda, fala de si mesma (coisas que gosta de fazer, brinquedo preferido, fruta de que mais gosta). Se o leitor busca estabelecer uma relação entre a primeira e a segunda partes, sente, logo de início, um estranhamento, podendo ter a impressão primeira de que lê um texto desconexo e, portanto, sem sentido.

Examinemos, no entanto, a proposta que foi apresentada à aluna: "FAÇA um desenho de sua pessoa e conte o que você fez em suas férias."

FA UM DESE HO DE SUA PESSOA E CONTE C
QUE VOCÊ FEZ EM SUAS FÉRIAS.

A partir dessa informação, o modo de olhar (compreender) o texto em análise passa a ser outro: o de que a aprendiz da escrita se esforçou por atender a uma proposta que lhe foi apresentada. E, assim, responde à altura: "já que me foi solicitada a produção de dois textos, aí estão." Além do mais, é bom ressaltar que, para um aprendiz, desenhar vem, quase sempre, acompanhado de explicar, o que fez com que a aluna não se sentisse satisfeita apenas em apresentar o desenho, mas em "querer dizer" um pouco a partir do que desenhou. Assim, realizar a compreensão requer entender que o que é dito está marcado por outro dizer, que o modo como os aprendizes interagem ancora-se no modo como lhes é solicitado que escrevam.

Ainda nesse sentido, vale destacar o quanto a indefinição dos propósitos ou a não explicitação dos objetivos com os quais se escreve pode influenciar o produto dos aprendizes. Para ilustrar, apresentamos o texto 2, "O Caranguejo", produzido por uma criança no final de suas primeiras aprendizagens.

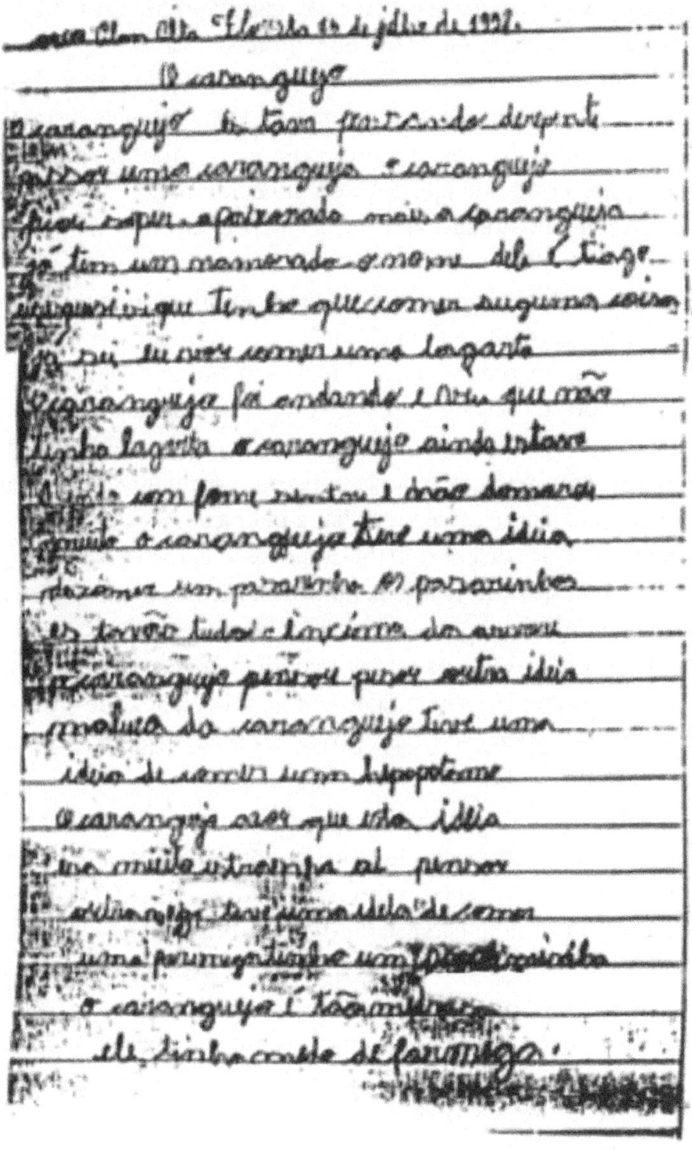

[Handwritten text, partially illegible:]

> Rua Clara Alta Floresta 11 de julho de 1992.
>
> O caranguejo
>
> O caranguejo tão passeando de repente uma caranguejo e o caranguejo ficou apaixonado mais a caranguejo já tem um namorado o nome dele é Tiago. o caranguejo disse: Tenho que comer alguma coisa. Eu vou comer uma lagarta. a caranguejo foi andando e viu que não tinha lagarta o caranguejo ainda estava com fome procurou e não achou marcou muito o caranguejo teve uma ideia fazer um passarinho. O passarinho os leirão tudo e em cima do árvore o caranguejo pensou pensou outra ideia maluca do caranguejo teve uma ideia de comer um hipopótamo o caranguejo acha que essa ideia ia muito estranha ai pensou outra ideia teve uma ideia de comer uma formiguinha o passarinho o caranguejo é tão miudo ele tinha medo de formiga.

A narrativa, quebrando as expectativas do leitor, não conclui a história inicialmente posta e, na busca da interação (ou procurando atender a outras expectativas, no caso, escolares) cria uma outra história (fome do caranguejo). Essa divisão, que não aparece assinalada por um traço como na produção anterior, é fruto do não saber aonde chegar, de desconhecer os objetivos a alcançar com o texto. Além do mais, este texto foi produzido por um aluno que desconhece, pelo lugar geográfico onde reside, o que é um caranguejo, e o texto foi solicitado após uma explicitação fornecida em uma aula de ciências. Assim, como não sabe, de forma mais objetiva, sobre o assunto, nem sabe, com a tarefa a cumprir, aonde deve chegar, busca caminhos para chegar a "algum lugar", empreende esforços para preencher as linhas em branco retirando, do mundo de sua imaginação, algo que possa ajudá-lo a concluir a atividade escolar, mesmo sem interagir efetivamente. A partir desses exemplos apresentados podemos concluir, em primeiro lugar, que, na busca de vivenciar a interação, os aprendizes se esforçam por "dizer" e manifestam esse esforço procurando atender ao que lhes é apresentado, da melhor forma possível. Em segundo lugar, vale ressaltar que, para que os esforços dos alunos produzam textos mais interativos, é preciso que esses encontrem ressonância nos esforços daqueles que ensinam, através da elaboração de propostas coerentes, que respeitem o conhecimento do aprendiz.

Esses dois textos, interpretados sem que se considerem suas condições de produção, poderão ser avaliados como problemáticos, ou seja, ambos encontram-se divididos, tratam de um assunto em cada parte e, de alguma forma, dificultam a construção de sentido para quem os lê. Ao contrário, a partir da perspectiva interacional, podemos afirmar que os dois textos são resultados das situações em que se encontravam seus produtores e que, antes de se constituírem problemáticos, são reveladores do quanto esses aprendizes se esforçam por fazer do ato da escrita um ato de significação.

Um outro forte determinante da interação encontra-se no jogo de imagens produzido em determinada situação comunicativa (Geraldi, 1992, p. 68-72). Os alunos que produzem na escola o fazem buscando estabelecer relações que permeiam os sujeitos envolvidos nesse espaço, que é marcadamente discursivo. Assim, o que é dito pelos aprendizes encontra-se sustentado no que imaginam que os professores pensam deles, no que acreditam que os professores pensam sobre o assunto, no que imaginam que a escola deseja que eles digam e deles espera obter, nos efeitos que buscam alcançar escrevendo de determinada forma, dentre outros fatores. O texto (3), produzido por um aprendiz no seu terceiro ano de vida escolar, ilustra esse jogo:

Falar de si mesmo para o outro é uma tarefa que exige do sujeito uma expressividade particular, às vezes dificultada pela própria situação comunicativa. Como o aluno deveria escrever sobre como se sente na escola, dentro da própria escola, era previsível que os esforços do aluno se centrassem em atender a um determinado jogo: falar bem da escola para, com isso, construir também uma "imagem" de si mesmo. Assim, o texto é muito mais o reflexo do que a escola quer ouvir, do que aquilo que o produtor do texto realmente pensa sobre ela. Esse jogo é perceptível no esforço do aluno em apresentar uma "imagem" altamente positiva da escola, deixando escapar, no entanto, algumas contradições, no caso, frutos do impasse entre o que diz e o que realmente queria dizer. Um exemplo encontra-se no final do texto, em que ressalta a fila, o modo como a fila deve ser respeitada, o que destaca o caráter impositivo e até mesmo autoritário dessa ação, mas fecha seu pensamento dizendo: *"Viu como a escola é boa?"* Chama, pois, atenção do seu interlocutor, dirigindo a conclusão para um lado, quando, na verdade, o seu "dizer" pode produzir conclusões opostas ao que o texto buscou oferecer. Mesmo não nos aprofundando aqui nos recortes teóricos que iluminam essa discussão, não nos escapa a percepção de que o que mais aparece no discurso não é a voz do aluno e sim uma heterogeneidade unívoca, se assim podemos chamar a estes recortes que emergem dos jogos de imagens estabelecidos pelo produtor deste texto, nesta situação de interação escolar.

Compreender como o texto produz sentidos e realiza a discursividade é saber que o texto individualiza um conjunto de relações significativas. Essas relações são frutos da existência, da história e das histórias partilhadas e do que delas foi produzido nas relações culturais e simbólicas. Com base em textos (4 e 5) produzidos por crianças oriundas de grupos social e economicamente diferentes, a partir de um tema (*Sou feliz?*), é possível perceber que uma dessas relações manifesta-se na visão de mundo que esses diferentes sujeitos construíram em suas existências.

Composição

Nome: Regina Elia Augusta

Sou feliz?

Sou feliz? Porque tenho amigos, colegas, e tenho a felicidade que toda criança pode ter.
Sou feliz! Porque nunca brigo com meus amigos e colegas. Fico feliz por ser uma boa aluna da classe da classe, todos me elogiam porque eu ajudo minha mãe em casa, a varrer a casa, lavar as vasilhas etc. Por isso eu sou feliz.

FIM

Porque sou feliz

— Eu sou feliz porque em casa tenho o carinho de meus pais, tenho uma boa alimentação, sou feliz porque tenho a minha casa para me proteger da chuva, tenho meu quarto onde posso brincar, tenho a minha cama e também sou feliz porque tenho lindos carros.

— Mas você não pensem que sou feliz assim, só porque tenho belos carros, brinquedos e minha própria cama. Eu sou feliz assim porque tenho uma coisa que vale muito mais do que tudo isso sabe oque é, é o amor que meus pais e meu irmão tem por mim.

FIM

Para o locutor do texto 4, a felicidade está no próprio fato de ser criança, nas amizades cultivadas e no poder ajudar a mãe nos afazeres domésticos; já para o locutor do texto 5, o ato de ser feliz está no que possui, material e individualmente: "meu quarto", "minha casa", "minha cama" – e, no contraponto do discurso da representação do seu mundo, ressalta o amor familiar. O que esses textos revelam? Em primeiro lugar, que as experiências vividas, sejam elas quais forem, constituem modos de compreensão do mundo e determinam o que é dito nas instâncias discursivas. Em segundo lugar, que a atividade responsiva ativa do interpretante deve buscar ler os textos com os olhos dos mundos ali revelados, colocar-se no lugar do outro. Em terceiro lugar, que, nesse processo, torna-se possível ir além do que os textos revelam, co-interpretando-os no contraponto das realidades neles apontadas e inserindo os seus dizeres na totalidade da existência humana.

Se o texto do aluno é o resultado de um conjunto de saberes, de relações e de conhecimentos, podemos, do nosso olhar de compreendente, entender que os conhecimentos lingüísticos que os alunos possuem influenciam fortemente os textos produzidos. Assim, atitudes que repudiam as idéias apresentadas por um locutor em função de questões lingüísticas e formais visualizadas negam, igualmente, a atitude responsiva ativa. Podemos perceber, em diferentes práticas escolares, uma grande preocupação dos professores em assinalar os problemas lingüísticos (aqui entendidos como gramaticais, ortográficos, estruturais) nos textos dos aprendizes, com receio de que, se assim não procederem, estarão sustentando os "erros" e deixando de ensinar. O que precisamos deixar claro, no entanto, é que o "querer-dizer" do aluno não pode ser suplantado pelos "quereres" escolares que, na maioria das vezes, afastam o aprendiz de sua condição de sujeito que produz textos, inserindo-o muito mais na condição de um sujeito que produz uma "língua". Vale aqui ressaltar que estamos discorrendo sobre a atitude de compreensão que vai se revelar no quanto o professor está disposto a, cooperativamente, ajudar o seu aluno, à medida que, diagnosticando os saberes e conhecimentos lingüísticos revelados no texto, possa transformá-los em subsídios para o seu planejamento, isto é, para o que, de fato, precisa ensinar. Assim, os textos dos alunos se transformam em fontes muito ricas e apropriadas para o professor monitorar o seu trabalho e o desenvolvimento do diálogo ativo com os sujeitos aprendizes. Esse diálogo não está, portanto, pautado nas atitudes radicais que vão do "tudo marcar" para "nada" marcar. É o contrato ético entre os sujeitos, o respeito mútuo, os conhecimentos que cada um possui sobre a língua que poderão indicar e sustentar atividades significativas que possam conduzir conseqüentemente a uma aprendizagem também significativa.

Os determinantes da interação aqui brevemente apontados (conhecimentos prévios sobre o assunto, objetivos, propostas, jogos de imagens, visão de mundo, conhecimentos lingüísticos) não se manifestam de modo idêntico e ao mesmo tempo nos aprendizes e produtores de texto. Esse é o desafio do compreendente: saber encontrar marcas diferenciadas, em uma situação interlocutiva única, pois diferentes são os sujeitos, diferentes são as experiências vividas e diferentes são as reações dos sujeitos em uma dada situação de interlocução. Cabe ao professor saber encontrar, assim, a particularidade na heterogeneidade, realizando, de forma interativa, a recepção dos textos produzidos pelos alunos.

O texto: interlocução e interlocutores

Compreender os determinantes da interação não é suficiente para gerar produtores de textos, mas é fundamental para construir respostas. Essa é uma das condições que poderão levar o aluno a entender não apenas a escrita, mas a *situação* do escritor. Escrever aprende-se na interação contínua com os atos de escrita, através de estratégias significativas, em que o aprendiz poderá entender o caráter dialógico da linguagem. Assim, as atividades mecânicas ou de elaboração duvidosa precisam ser substituídas por outras que desvelem e, ao mesmo tempo, permitam a incorporação e assimilação de como funciona um texto escrito. É preciso instaurar uma consciência dialógica que só será possível quando aquele que ensina se esforçar por constituir-se também como tal. A história das práticas escolares de produção de texto aponta uma "cobrança" do aluno, uma "negação" antecipada de suas interações. Para o aluno aprender a escrever, precisa encontrar interlocutores, colocar-se em dialogia, encontrar espaços para a atividade humana de expressão, de modo a articular seus textos às diferentes necessidades e interesses que se encontram nas suas condições de existência, nas suas práticas sociais.

Porque, afinal, quem é o sujeito da escrita? Trata-se, no dizer de Geraldi, de

> um sujeito constitutivamente heterogêneo, de uma incompletude fundante que mobiliza o desejo de completude, aproximando-o do outro, também incompletude por definição com esperança de encontrar a fonte restauradora da totalidade nunca alcançada, construindo-na nas relações sociais entendidas estas como espaço de imposições, confrontos, desejos, paixões, retornos, imaginação e construções. (1996, p. 20)

Essa tarefa não é algo a ser completado nas séries iniciais, mas, constitui um processo longo, que deverá ser iniciado, provocado, sustentado e desenvolvido ao longo das experiências escolares. Poderá ser um trabalho bem-sucedido, à medida que as interações aconteçam, – destacando-se aqui a postura do professor como compreendente e mediador dessas relações a partir de projetos pedagógicos que permitam instaurar os diálogos necessários ao desenvolvimento dos sujeitos.

Os textos apresentados anteriormente mostram esforços dos alunos, nos gestos de escrita, para além do que a escola ensina ou deixa de ensinar. Assim, o sentido maior da produção de texto nas primeiras aprendizagens é garantir a escrita como um bem cultural, no processo de ampliação e compreensão do mundo. É permitir às crianças assumir os seus discursos e colocá-los no embate com outros discursos circundantes. Assim é que a atitude de quem ensina fará crescer a dimensão da alteridade e rever a natureza dos vínculos que se estabelecem nesses movimentos. Nem sempre se sabe se aquele que ensina está disponível para essa abertura. Como é que nos formamos leitores e produtores de texto? É na comunidade (comum-unidade), na relação com o outro. Não é no rigor do olhar, nem na benevolência, nem nos atos de indiferença que se encontra a saída. Ela está, fundamentalmente, no quanto aquele que ensina e aquele que aprende se abrem, cada vez mais, para a compreensão ativa.

Bibliografia

BAKHTIN, Mikhail (Volochínov). *Marxismo e Filosofia da Linguagem.* 3.ed. São Paulo: Hucitec, 1986. (original de 1929).

BAKHTIN, Mikhail (Volochínov). *Estética da Criação Verbal.* São Paulo: Martins Fontes, 1992. (original de 1976).

GERALDI, J. W. (org). *O texto na sala de aula.* Cascavel: Assoeste, 1984.

GERALDI, J. W. (org). *Portos de Passagem.* São Paulo: Martins Fontes, 1991.

GERALDI, J. W. (org). *Linguagem e ensino: exercícios de militância e divulgação.* Campinas, S.P: Mercado de Letras/ALB, 1996.

LEAL, Leiva de Figueiredo Viana. *A Escrita Aprisionada – uma análise da produção de texto na escola.* Belo Horizonte: Programa de Pós-Graduação em Educação da FAE/UFMG, 1991 (Dissertação de Mestrado).

LEAL, Leiva de Figueiredo Viana. *Trajetória Escolar, Texto escrito e Classe Social – um estudo longitudinal.* Belo Horizonte: Programa de Pós-Graduação em Educação da FAE/UFMG, 1999 (Tese de Doutorado).

O PAPEL DA REVISÃO NA APROPRIAÇÃO DE HABILIDADES TEXTUAIS PELA CRIANÇA

Gladys Rocha

> Eu sei escrever.
> Escrevo cartas, bilhetes,
> Listas de compras,
> Composição escolar
> Narrando o belo passeio
> à fazenda da vovó que
> Nunca existiu
> Porque ela era pobre
> Como Jó
> Adélia Prado

O objetivo deste texto é discutir o papel da revisão textual no processo de apropriação de habilidades textuais pela criança no contexto da sala de aula. As questões que ora apresento dizem respeito ao processo de aprendizagem da produção textual no contexto da sala e representam uma tentativa de compreender o movimento empreendido pelo aprendiz na construção de sentidos na escrita e de apreender tanto os recursos de que ele se serve para produzir um texto escrito e se apropriar de suas particularidades quanto as estratégias que ele utiliza no processo de (re)construção do texto escrito. Noutros termos, são focalizadas as dificuldades e as estratégias dos aprendizes que, tentando se apropriar do texto escrito, com suas peculiaridades e características, tomam como base o que sabem do texto oral, com especificidades e recursos próprios, num investimento que envolve elementos dos níveis léxico, semântico, morfossintático e discursivo, entendendo-se que esses elementos são considerados de diferentes modos e perspectivas e com diferentes compreensões pelos aprendizes. Tendo em vista os objetivos deste texto, são especialmente focados aspectos relativos ao nível de informatividade e ao significado da interação no processo de (re)construção de significados através da escrita[1].

A concepção de texto e o papel das condições de produção

Tendo em vista o fato de que há diferentes leituras acerca do significado da produção textual e do papel das condições de produção e, em decorrência, diferentes práticas em torno da produção do texto escrito no espaço intra-escolar, é oportuno destacar a concepção de produção de texto que norteia este estudo. Nesse sentido, importa perguntar: o que se entende por texto? qual o papel das condições de produção na (re) construção do texto?

Norteia este trabalho a concepção de texto explicitada por Geraldi (1991). Para o autor, ao produzir um texto, oral ou escrito, o sujeito faz "uma proposta de compreensão" ao seu interlocutor (ouvinte/leitor). Ao discutir o papel das condições de produção na constituição dessa proposta de compreensão, Geraldi chama a atenção para a importância de o locutor (a) ter o que dizer; (b) ter motivos para dizer o que se tem a dizer; (c) ter um interlocutor; (d) constituir-se como locutor enquanto sujeito que diz o que diz para quem diz; e (e)

---

[1] Para uma discussão acerca de diferentes aspectos considerados pela criança no processo de revisão — categorias da textualidade, ortografia, concordância, entre outros, ver ROCHA, 1999.

escolher as estratégias para realizar (a), (b), (c) e (d). No meu entendimento, essa concepção nos remete à importância de discutir os modos através dos quais o trabalho com o texto escrito vem sendo desenvolvido no contexto intra-escolar e a própria qualidade da escolarização da escrita, já que a escola é o espaço privilegiado onde se constituem, ou não, no processo ensino-aprendizagem, as condições de construção de propostas de compreensão. É nesse recorte que se elaboraram as reflexões em torno da revisão consideradas neste estudo.

Os procedimentos utilizados nos processos de produção e de revisão textual

Os dados aqui apresentados foram coletados em momentos distintos, junto a alunos de diferentes turmas do 1ª ano de escolarização do Ensino Fundamental, da Escola de Primeiro Grau do Centro Pedagógico da Universidade Federal de Minas Gerais.

Os procedimentos utilizados junto às crianças, para a produção dos textos tomados como objeto de reflexão, foram os descritos a seguir.

Num primeiro momento era feita a leitura de um texto, pela professora. O texto lido ora ampliava os conhecimentos dos aprendizes sobre o tema a ser tratado, ora constituía-se como objeto de reescrita. Finalizada a leitura, propunha-se a produção do texto estabelecendo, para os aprendizes, interlocutor(es) e objetivo(s) da atividade. Procurava-se evidenciar a necessidade de que a escrita tenha um destinatário e insistia-se que, para que uma proposta de compreensão se constitua como tal, o autor deve escrever tendo em vista o seu interlocutor: *"não esquece que você tem que 'contar' direitinho, para a pessoa que for ler poder entender"*. Quando se tratava de trabalho com "história sem texto verbal", tira ou história em quadrinhos, procurava-se destacar o fato de o leitor do texto não ter disponíveis os elementos visuais: *"Não esquece que a pessoa que vai ler não vai estar vendo as gravuras, que o jeito que ela vai ter de conhecer a história é pelo seu texto*". Nesse contexto, uma das estratégias metodológicas utilizadas era a produção de um livro, no final do ano. Para isso, cada aluno deveria escolher, na sua pasta de textos, três textos que julgasse melhores. A seleção final seria feita com o auxílio de um colega de turma. Essa estratégia, além de demandar, posteriormente, uma nova atividade reflexiva sobre as produções escritas, a elaboração de uma segunda revisão do texto escolhido e a discussão de aspectos inerentes ao modo de organização de um livro, auxiliava, de forma expressiva, na constituição das condições necessárias à produção de um texto.

O texto produzido pelo aluno num dia era entregue a ele num outro dia, sem nenhuma anotação do professor, a fim de que fosse lido e reescrito noutra folha, com todas as modificações que o aluno julgasse importantes para que a pessoa que fosse ler o texto pudesse entender melhor. Durante as atividades de revisão, diferentes possibilidades de intervenção foram consideradas: (1) a professora lia, para a turma, algumas produções infantis selecionadas previamente – respeitando uma regra já construída anteriormente com o grupo, segundo a qual o nome do autor não seria mencionado e ele só se identificaria se desejasse – e solicitava ao grupo que fizesse comentários, desse sugestões sobre aspectos que pudessem ser melhorados; (2) a professora organizava o trabalho em duplas: um colega atuava como leitor do texto do outro, dando sugestões. O modo de organização das duplas, nesse caso, variava. Numa situação de interlocução, as duplas se organizam espontaneamente; noutra, a professora constituía as duplas tendo em vista o tipo de interação que cada criança tinha ou estava construindo com o texto escrito. Por exemplo, uma criança que já tinha preocupações significativas com o nível de informatividade do texto era escolhida para trabalhar com uma que estava começando a apresentar preocupações com esse aspecto; (3) o aluno trabalhava individualmente, atuando como leitor/revisor do próprio texto, sem a mediação de colega(s) e/ou da professora.

A revisão textual: papel e significado

Este estudo parte da premissa de que, quando explicitadas as condições de produção, a revisão textual contribui para que a criança, desde muito cedo, (re)elabore concepções acerca da estrutura textual considerando aspectos relativos ao nível de informatividade do texto, à ortografia, à caligrafia, à concordância, entre outros. O processo de reflexão acerca desses aspectos está intimamente ligado à compreensão de que se escreve para um interlocutor e que a compreensão do que foi dito demanda que não faltem informações, que a letra esteja legível, que não haja problemas na formalização da escrita que comprometam a construção da interlocução.

A revisão é entendida, aqui, como um procedimento que permite não apenas ver melhor mas, também, ver de outra perspectiva, na medida em que se considera que, durante a produção da primeira versão do texto, o aprendiz tem sua atividade reflexiva centrada em aspectos como: *o que dizer, como dizer, que palavras usar...* Durante o processo de revisão, o aluno tem possibilidade de centrar esforços em questões pertinentes ao plano textual-discursivo, como *dizer mais, dizer de outro jeito, analisar e/ou corrigir o que foi dito*, visando ao sucesso da interlocução enquanto "proposta de compreensão" feita ao leitor, como também pode focalizar questões relativas às normas gramaticais e às convenções gráficas – concordância, ortografia, caligrafia – que são igualmente importantes para o bom funcionamento da interação mediada pela escrita. Esses aspectos serão observados mais adiante, na análise de algumas produções infantis.

Há que se observar, no entanto, que a construção dessa capacidade reflexiva só é possível se se considerar o percurso empreendido pela criança na apropriação de habilidades textuais, mediado pela atividade de revisão, como um movimento não linear, que supõe rupturas, avanços e recuos e que, como tal, não deve ter como parâmetro as interlocuções que um "adulto-autor" é capaz de estabelecer com o texto escrito, mas sim as interações e reflexões de uma "criança-autora" – alguém que está se constituindo como sujeito da própria produção, um "eu-autor" em construção. Como afirmam Ferreiro e outros (1996):

> Não podemos esperar que as crianças saibam fazer aquilo que estão apenas aprendendo a fazer. Sobretudo é impróprio aplicar a este material infantil os juízos derivados de uma norma adulta concebida como universal, inapelável, absoluta, o que levaria a analisar os produtos infantis buscando categorizar e contar seus "erros".

Entre os aspectos que compõem a textualidade, a percepção do nível de informatividade do texto, notadamente no que diz respeito à ausência, à falta de informações necessárias para a compreensão por parte do leitor, configurou-se como um aspecto muito significativo para os aprendizes. Se por um lado poder-se-ia afirmar que esse é, de fato, um dos aspectos mais facilmente apreensíveis na construção do texto, é preciso não perder de vista que a informatividade é decisiva na distinção entre discurso oral e discurso escrito, já que o contexto, presente na oralidade, geralmente deve ser explicitado na escrita, quando o discurso é destinado a um interlocutor ausente. Na construção do texto, no que concerne à informatividade é preciso considerar tanto a ausência quanto o excesso, a redundância de informações, o que requer, do autor, um constante movimento de (re)construção não só na escolha das informações necessárias, mas também no modo de tratá-las. Os textos seguintes revelam que a informatividade parece ser um dos aspectos da textualidade mais facilmente apreensíveis pela criança:

Relato – 1º versão – V. – 21/09

> O susto
> hi uma noite eu estava
> no banheiro escovando
> os dente em sima do bide.
> A onde coloca as escova
> por fora tinham uma
> perereca em quando eu
> vi eu quase cai e na
> mesmo hora eu dese.

Relato – Revisão – V. – 28/09

> O susto
> hi uma noite muito
> escura eu estava escova os
> dente em sima do bide
> a onde coloca escova creme
> e etc por fora tinha uma
> perereca pertinho de
> mim e eu quase cai e
> na mesma hora eu
> deci. E quando eu deci
> eu coloquei a mão no
> meu coração estava batendo
> muito forte.

A primeira versão do relato de um susto e sua revisão constituem um exemplo da apreensão, pela criança, da possibilidade de ampliação do nível de informatividade do texto. Observa-se, na comparação entre as duas versões, que a aluna não acrescenta informações que contribuam para facilitar a compreensão do leitor, mas que se empenha em oferecer ao interlocutor elementos que lhe possibilitem perceber melhor a dimensão do susto relatado. Embora tenham permanecido no texto aspectos que merecem retomada, como, por exemplo, a presença de traços da oralidade coloquial como o "ni" (no lugar de *em*) e a ausência de concordância em "os dente", pode-se afirmar que o processo vivenciado revela que a aprendiz é capaz de retomar seu texto e ampliá-lo, tendo em vista seus objetivos em relação ao futuro leitor. Há que se considerar, também, que o processo de apropriação de habilidades textuais constitui um movimento gradual e não-linear e que, portanto, não se pode esperar que a criança consiga, numa revisão, retomar, simultaneamente, todas as variáveis que o adulto consideraria.

Os textos seguintes, produzidos por outra criança, reiteram o significado que o nível de informatividade do texto assume para o aprendiz:

Reconto com base em
"história muda" – 1° versão – B. – 01/06

> O menino e o genio
> Era uma vez um menino
> O menino estava
> Subindo a escada,
> quando ele viu a porta
> do quarto dele ele viu
> uma telha de aranha
> ele viu no chão do
> quarto dele ele viu uma
> garrafa dizia o menino
> e o genio!

Reconto com base em "história muda" – Revisão – B. – 08/06

A garrafa do gênio

O menino subiu a escada para ir pro quarto dele quando ele tava indo pro quarto dele ele viu uma telha de aranha na perta da porta do quarto dele ele foi pegar a garrafa que tava no chão do quarto dele aí o gênio saiu da lanpada o menino pediu uma boneca e uma bicicleta e mas um tanto de caisa pro gênio ele foi beixa a garrafa pro

pai dele ele viu a garrafa no chão do quarto dele o gênio não deu nada pra ele porque ele pidiu muita caisa e o gênio não deu nada pra ele o gênio não deu pra ele porque ele pidiu muita caisa pro gênio porque o gênio tinha que da pros outros meninos e menina.

No caso desta produção, deve-se considerar, além do investimento no nível de informatividade, a hipótese de que, durante a produção da primeira versão do texto, a atividade pode ter gerado cansaço, desânimo e tenha sido abandonada. Nessa perspectiva, a idéia de incompletude, de falta, de ausência de informação pode ter constituído, para o autor, um aspecto apreensível, mas não suficientemente relevante durante a redação da primeira versão.

Diferentemente da situação observada nas produções anteriores, os textos de Bruna, reproduzidos a seguir, provocam uma inquietação: por que não foi feita nenhuma alteração na retomada do texto? As possíveis respostas a questões desse tipo devem, no meu entender, ser construídas tendo como referência o percurso do aprendiz: sua não linearidade, seu caráter processual, as diferentes formas de interação que os diferentes sujeitos constroem com determinado objeto do conhecimento — aspectos que remetem à inferência de que a aluna Bruna pode não ter compreendido, ainda, o significado da revisão, entendendo-a como uma tarefa mais mecânica, correspondente ao " passar a limpo", ou que, naquela situação, ela pode não ter considerado necessário fazer alterações na sua escrita. Uma das intervenções possíveis, nesse caso, é, numa outra situação de revisão, tomar o texto da aluna como objeto de discussão coletiva, a fim de que os colegas sugiram alterações. Outra possibilidade é propor a atividade em dupla, colocando como parceiro dessa menina um colega mais experiente, que já tenha demonstrado maior compreensão acerca do papel da revisão, pois, como afirma Vygotsky (1991), é preciso considerar, no processo ensino-aprendizagem, não apenas o *nível de desenvolvimento real*, normalmente determinado retrospectivamente, a partir do que as crianças são capazes de fazer de forma independente, mas também, prospectivamente, *o nível de desenvolvimento potencial*, relacionado a processos em formação, determinado pela capacidade de solução de problemas sob a orientação de um adulto ou a partir da colaboração de companheiros mais experientes.

O papel da revisão na apropriação de habilidades textuais pela criança | 79

Relato – 1ª versão – B. – 21/09

Nome: Bruna
Data: 21 de setembro

O Susto

Minha irmã
tava no meu
quarto ela estava
dormindo na
cama dela eu
fui chegando perto
da cama dela e
eu fiz assim ua ela
acordou asustada

fim

Relato – Revisão – B. – 28/09

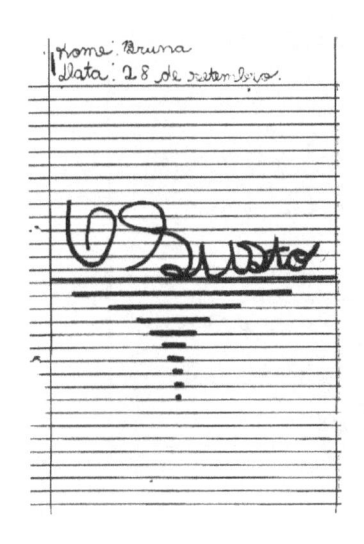

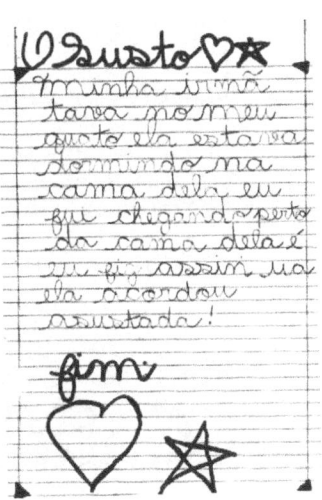

Nome: Bruna
Data: 28 de setembro.

O Susto

O Susto ♡ ★
Minha irmã
tava no meu
quarto ela estava
dormindo na
cama dela eu
fui chegando perto
da cama dela e
eu fiz assim ua
ela acordou
asustada!

fim

As produções seguintes remetem ao papel da revisão como atividade constitutiva e ao significado das interações entre pares, na ampliação das possibilidades de interação com o texto escrito:

*Reconto – Narrativa de história
em quadrinhos – 1º versão – P. – 22/10*

> Era uma vez um lobo mau que
> gosta de comer meninos e meninas.
> Um dia o Cascão queria fazer
> um piquenique na floresta. Ele
> chamou o Cebolinha e o franjinha.
> Eles compraram um monte de
> coisas gostosas e foram para floresta
> Derepem eles ouviram um
> barulho estranho Era um barulho
> de lobo. Eles saíram correndo e se
> escondram. Quando o Cascão foi
> esconder o lobo viu e perseguiu. O
> Cascão foi logo pegar o milho e
> voltou para casa. Assim o Cascão
> aprendeu a não sair sozinho.
> CASCÃO

Reconto – Narrativa de história em quadrinhos – Revisão – P. – 29/10

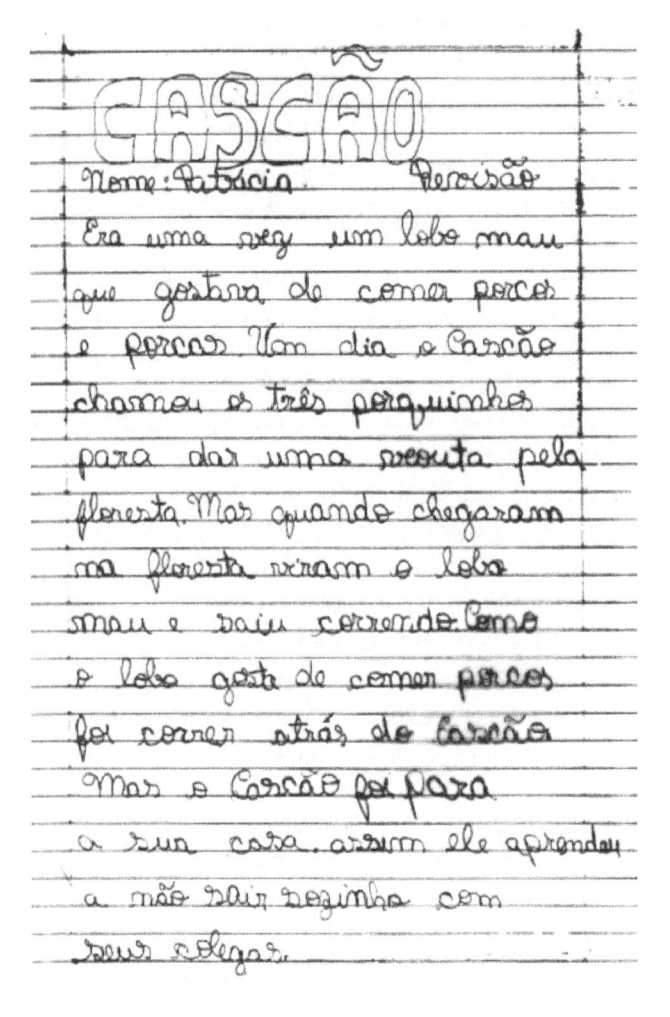

> **CASCÃO**
>
> Nome: Patrícia.   Revisão
>
> Era uma vez um lobo mau que gostava de comer porcos e porcas. Um dia o Cascão chamou os três porquinhos para dar uma passeata pela floresta. Mas quando chegaram na floresta viram o lobo mau e saiu correndo. Como o lobo gosta de comer porcos foi correr atrás do Cascão. Mas o Cascão foi para a sua casa. Assim ele aprendeu a não sair sozinho com seus colegas.

Durante a discussão do texto, feita coletivamente a partir da leitura oral e apresentação da primeira versão do texto, com utilização de retroprojetor, pela professora, um colega disse: "Esse negócio tá errado. Ele não saiu sozinho. Ele saiu com o Cebolinha e o Franjinha, olha lá..." Essa observação, reiterada por outros colegas, possibilitou à autora a percepção de uma contradição no seu texto, aspecto que, dificilmente, ela teria apreendido sem a interlocução com seus colegas de turma. Deve-se considerar também que, na revisão, a menina faz um movimento, aparentemente simples ou superficial, se observado de forma apressada, no sentido de reconstruir o texto visando superar o problema detectado, fazendo um exercício redacional com o intuito de reverter a contradição apontada na primeira versão através do acréscimo da expressão "com seus colegas". Fica aí, para o leitor, um implícito não necessariamente consciente por parte da autora, de que talvez a presença de um adulto pudesse ter evitado que os três amigos fossem perseguidos pelo lobo. Observa-se, ainda, que há um esforço no sentido de fazer o texto aproximar-se de uma interpretação mais fiel do texto original — também rediscutido coletivamente — a partir do qual a leitura mais recorrente levaria a estabelecer uma relação intertextual com a história dos *Três porquinhos*. Quem conhece as características do personagem Cascão poderia inferir que, como ele não gosta de tomar banho, teria sido perseguido pelo lobo, que vivia a perseguir os três porquinhos.

Finalmente, há que se considerar as alterações no modo de apresentação do texto na página. A palavra Cascão, que aparecia graficamente diferenciada no final do texto, permanece com a configuração anterior, porém, no início da página, ocupando o lugar do título do texto, seguida do nome da autora e da identificação da versão produzida. Essas expressões não são mera questão de capricho. Pelo contrário, revelam uma pre-ocupação por parte do sujeito-autor em tornar seu texto mais compreensível pelo leitor, de organizá-lo de modo a facilitar sua recepção.

Considerações finais

As análises ora apresentadas remetem à reflexão acerca do significado da revisão no processo de apropriação de habilidades textuais como atividade que permite ao autor ver o próprio texto de outro lugar, de outra perspectiva, colocar-se no lugar do seu leitor e prever as melhores estratégias para a construção do discurso escrito. Isso posto, pode-se dizer que, considerando sua potencialidade como estratégia metodológica, a revisão pode ser utilizada, tanto individual quanto coletivamente, como instrumento que auxilia na reflexão sobre o que dizer, sobre o como dizer e sobre a materialização da escrita na página. Não se pode desconsiderar, no entanto, que o significado da revisão como estratégia constitutiva, que auxilia no processo de reflexão/reelaboração do texto, se constitui na interação do sujeito com o texto, tanto na interação individual quanto a partir da mediação do professor e/ou dos colegas, e *não* numa perspectiva condutista, a partir da qual o professor já apresenta, definidos para o aluno, os elementos a serem considerados.

Referências bibliográficas

FERREIRO, Emília, e outros. *Chapeuzinho Vermelho aprende a escrever.* São Paulo: Ática, 1996.

GERALDI, João W. *Portos de Passagem.* 2ed. São Paulo: Martins Fontes, 1993.

ROCHA, Gladys. *A apropriação de habilidades textuais pela criança.* Campinas: Papirus, 1999.

VYGOTSKY, Lev S. *A formação social da mente.* 4ed. São Paulo: Martins Fontes, 1991.

A PRODUÇÃO DE TEXTOS ESCRITOS NARRATIVOS, DESCRITIVOS E ARGUMENTATIVOS NA ALFABETIZAÇÃO: EVIDÊNCIAS DO SUJEITO NA/DA LINGUAGEM

Cecilia Goulart

O objetivo do presente trabalho é analisar a atividade de reflexão sobre a linguagem escrita de dez crianças produzindo textos, durante o processo de aprender a escrever. Esta atividade nos revela os sujeitos na linguagem, buscando recursos expressivos que lhes permitam constituir o discurso escrito. As crianças articulam seus modos de pensar sobre os temas propostos, organizando diferentes tipos de textos e deixando à mostra as marcas de caminhos trilhados no processo de produção textual.

As dez crianças participantes da pesquisa eram alunos de uma turma onde o ensino da leitura e da escrita se realizava por meio de uma metodologia que: (a) encara a produção de textos, tanto orais quanto escritos, como ponto de partida e de chegada do trabalho com a língua materna na escola (cf. GERALDI, 1991), desde o início da classe de alfabetização, porque no texto a língua se revela em sua totalidade, tanto formal quanto discursiva; (b) visa alfabetizar para garantir uma participação cada vez mais intensa das crianças nas práticas sociais letradas.

Foram analisados dados de 203 textos, produzidos em sala de aula, ao longo de três semestres letivos: o 2º semestre da classe de alfabetização, aos seis anos, e os dois semestres da 1ª série, aos sete anos. São 47 textos narrativos, 115 textos descritivos e 41 argumentativos. Foram tomados como dados os indícios de manipulação do material lingüístico, evidenciando as reflexões realizadas pelas crianças no sentido da reelaboração de seus textos, na perspectiva sintático-discursiva.

O ponto de partida teórico-metodológico

O ponto de partida teórico do estudo foi a concepção de linguagem como atividade constitutiva dos sujeitos (FRANCHI, 1992 [1977]; 1986). Segundo esta concepção, ao mesmo tempo em que se constitui um conjunto de recursos expressivos, que se organizam historicamente nas diferentes línguas humanas, constitui-se, cultural e antropologicamente, um sistema de referências de organização e interpretação das experiências dos sujeitos no mundo.

A linguagem, assim concebida, se constitui na atividade dos sujeitos com os outros, sobre os outros e sobre o mundo; deste modo não há condições para a linguagem se constituir fora da interação. No sentido desta concepção, constituir linguagem é constituir conhecimento. A linguagem constitui o sistema simbólico mediante o qual se opera sobre a realidade e constitui a realidade como um sistema de referências em que aquele se torna significativo. A linguagem é um trabalho coletivo em que cada um se identifica com os outros e a eles se contrapõe, seja assumindo a história e a presença, seja exercendo suas opções solitárias. Franchi postula a linguagem como uma atividade constitutiva quase-estruturante, mas não necessariamente estruturada, defendendo assim a indeterminação da linguagem.

Quanto à relação da linguagem oral com a linguagem escrita, optou-se, neste trabalho, por defini-la na perspectiva de um *continuum* em que apropriar-se da língua escrita é também aprender a transitar pelas duas modalidades de linguagem, ajustando-as formal e funcionalmente às situações de uso. A apropriação da linguagem escrita é aqui concebida como parte do processo geral de apropriação da linguagem.

Aprender a escrever envolveria apropriar-se de um conjunto complexo de conhecimentos que implicaria a necessidade de diferenciação das duas manifestações verbais, por meio do conhecimento de suas especificidades e de suas semelhanças.

Foi utilizada uma metodologia indiciária (GINZBURG, 1989; ABAURRE, 1991; 1996; ABAURRE et al., 1996), segundo a qual as marcas deixadas pelas crianças nos textos, reveladoras da reflexão sobre a atividade lingüística que estavam desenvolvendo, se constituíram em dados para a análise. Esta atividade de revisão do material lingüístico é chamada por Geraldi (1991) de atividade epilingüística.

Ao selecionar os textos que constituíram o *corpus* aqui analisado, levei em consideração o destaque dado pela professora à produção de textos descritivos. Foram selecionados, de cada criança, 12 textos descritivos (sendo três biográficos), cinco narrativos e cinco argumentativos. Como os diferentes tipos textuais demandam, de um modo geral, diferentes organizações sintático-discursivas, a organização dos mesmos envolve, segundo Kato (1988, p. 204), problemas diferenciados para as crianças, podendo acarretar soluções diferenciadas. Diante disto, os 203 textos do *corpus* foram classificados e analisados como textos narrativos (47), descritivos (115) e argumentativos (41).

A produção de textos narrativos pelas crianças envolve, de modo geral, o conhecimento do esquema textual deste tipo de texto, de acordo com o que Labov e Waletzky (1967) assumem como eventos temporais obrigatórios para o esquema narrativo canônico: orientação, complicação e resolução.

Os textos narrativos se caracterizam pela constituição de uma unidade de sentido por meio da apresentação de uma série de ações e eventos, organizados em segmentos textuais menores, relacionados por elementos de coesão.

No conjunto de textos narrativos analisados há reproduções de histórias lidas para as crianças (como *Chapeuzinho Vermelho* e *João e Maria*) e histórias criadas pelas crianças.

O conjunto de textos descritivos é relativamente heterogêneo, no que diz respeito aos objetos em foco e aos pontos de vista adotados. Em dois textos as crianças deveriam descrever a cor vermelha e a vida do beija-flor, colocando-se na posição do "vermelho" e do "beija-flor", respectivamente. Estes textos, em conseqüência, foram escritos em 1ª pessoa.

Outros seis textos têm como objetos aves, índios, um aspecto da vida indígena, polvos, piolhos e baleias. Há, também, três textos biográficos. Estes textos foram classificados como descritivos dada a predominância do aspecto de apresentação de características da vida de seus personagens. O último texto se constitui na descrição de um processo.

Diferentemente dos textos narrativos, que consistem na expressão de uma unidade segmentada em unidades menores, os textos descritivos consistem na construção de unidades de sentido maiores, por meio da ordenação de unidades menores (Kato, 1988). Esta ordenação vai depender do ponto de vista físico e mental do observador, segundo Garcia (1978). Do ponto de vista físico, a perspectiva que o observador tem do objeto pode determinar a ordem na enumeração dos pormenores significativos, associando-se ou interligando-se as partes focalizadas. Do ponto de vista mental, podem-se constituir descrições subjetivas, refletindo o estado de espírito do observador, ou objetivas, destacando-se nitidamente os detalhes do objeto em foco.

Segundo Kato (op. cit.), nas descrições e argumentações, a construção de uma unidade textual maior pela ordenação de unidades menores, que a criança já vê como discretas, deve ser o principal dilema para a criança na produção destes tipos.

Tem-se, de um modo geral, um esquema descritivo em que na introdução do texto se situa o objeto em foco; no desenvolvimento, apresentam-se os seus traços típicos; e, na conclusão, apreciações de ordem geral e/ou impressões pessoais.

Os textos argumentativos, por sua vez, discutem idéias, visando, sobretudo, convencer, persuadir ou influenciar o leitor ou ouvinte. Este convencimento, persuasão ou influência se organiza pela apresentação de razões, de evidências de provas e à luz de um raciocínio coerente e consistente. Como nos textos descritivos, organizam-se unidades menores de modo a compor uma unidade maior. As unidades destes dois tipos de texto, entretanto, têm naturezas diferentes, face aos propósitos diferenciados que os caracterizam.

Dos cinco textos argumentativos propostos às crianças participantes da pesquisa, quatro se constituem em avaliações: duas referentes ao trabalho desenvolvido nos dois anos letivos observados, C. A. e 1ª série; uma referente a uma apresentação sobre os índios a que as crianças assistiram; e uma outra em que as crianças avaliaram as Olimpíadas de que participaram na escola. O texto restante apresenta a reprodução de uma notícia de jornal. Os textos argumentativos de caráter avaliativo são escritos em 1ª pessoa.

No caso da avaliação como texto argumentativo, o propósito é tentar convencer o leitor da aceitabilidade ou inaceitabilidade de uma opinião, formulada por meio de argumentos que justificam, através de fatos ou idéias, a posição assumida.

Vieira (1988) propõe uma estrutura simples para o texto argumentativo, composta de três estágios: (I) Abertura, em que se identifica o problema; (II) Argumentação, onde se formula a tese, por meio de posicionamento(s) e de suporte(s) para o(s) mesmo(s), através de evidências; e (III) Conclusão.

Segundo os resultados da pesquisa de Vieira, as crianças mais jovens servem-se da reiteração de idéias para dar suporte a seus posicionamentos. De acordo com o autor, isto acontece em função da falta de experiência das crianças com o esquema argumentativo. Seus textos tendem a ser lineares, isto é, os argumentos são apresentados em seqüência mas não se relacionam entre si.

As crianças, principalmente neste momento do processo de alfabetização, estão em pleno tempo de descoberta das possibilidades e das restrições que o sistema de escrita estabelece. A estabilização dos padrões gramaticais e textuais e dos padrões gráficos e ortográficos convencionados socialmente necessita da compreensão dos vários aspectos que estão em jogo na apropriação do sistema simbólico em foco. Estes padrões não estão, portanto, dissociados no momento de realização textual propriamente.

A reflexão lingüística das crianças: a emergência dos sujeitos na/da linguagem

Passo nesta seção a apresentar e analisar os resultados da pesquisa, primeiramente, realizando uma apreciação do desempenho das crianças, do ponto de vista geral das ocorrências encontradas; em seguida, apresentando os resultados em relação a cada tipo textual.

Foram encontradas 60 ocorrências de revisão dos textos pelas crianças, sinalizando reestruturações na perspectiva sintático-discursiva. Estas ocorrências estão distribuídas conforme mostra a tabela abaixo.

TABELA

Ocorrências de atividade epilingüística em nível sintático-discursivo, em relação ao % de textos, por tipo textual, média de ocorrências por texto de cada tipo

TIPO TEXTUAL	% DE TEXTOS	% DE OCORRÊNCIAS	MÉDIA
Narrativos	23	50	64
Descritivos	57	42	22
Argumentativos	20	8	12
TOTAL	100	100	31

O número maior de ocorrências (50%) foi observado no conjunto de textos narrativos, conjunto este que representa 23% do total de textos analisados. Esta relação determina uma média de 64 ocorrências por texto. O elevado percentual de ocorrências neste tipo textual pode ser explicado pela complexidade temática dos textos, que demanda a contrapartida da complexidade sintático-discursiva.

As crianças, ao terem que organizar eventos e ações, controlar o fluxo de informações, o que inclui o controle de um universo de referências, entre outras coisas, são "forçadas" a gerar recursos expressivos que dêem conta daquela complexidade.

A necessária geração de recursos leva as crianças a uma intensa atividade lingüística, explicitada numa riqueza de operações discursivas que envolvem os muitos aspectos do objeto lingüístico. Conseqüente à intensa atividade lingüística, destaca-se o monitoramento da produção textual que se revela por meio da, correspondentemente, intensa atividade epilingüística observada.

A familiaridade das crianças com o tipo narrativo deve ter contribuído para a fluência dos textos. Isto significa que a maior incidência do que poderia ser considerado "problema" parece estar relacionada, não à dificuldade, mas à intimidade com este tipo de texto.

O percentual de 42% de ocorrências relativas aos 57% de textos descritivos aponta uma média de 22 ocorrências por texto. Os textos biográficos, de um modo geral, foram bem organizados pelas crianças, inclusive apresentando a coerência local e a global articuladas. Dois fatores podem ter contribuído para um melhor desempenho das crianças nos textos biográficos: (i) uma orientação de certo modo específica para este tipo de texto; (ii) a feição narrativa que estes textos apresentam em algumas seqüências.

Nos outros textos descritivos, entretanto, as crianças de um modo geral ordenaram aspectos/etapas relativos aos objetos em foco, mas nem sempre conseguiram compor unidades de sentido maiores. As crianças tiveram dificuldade em articular os aspectos dos objetos de forma que os textos ganhassem unidade e pareceram recorrer à justaposição de frases pela dificuldade de lexicalizar as relações entre as mesmas. A análise dos textos me permitiu observar que a articulação ficou problemática, também, pela ausência de uma parte introdutória em que se situariam os objetos em foco, orientando a leitura.

Houve duas crianças que utilizaram a interação com o leitor como recurso para "quebrar a dureza" de alguns textos, isto é, trouxeram o leitor para dentro do texto, conforme pode ser observado no fragmento abaixo.

> [...] Os índios usam arco e flecha.
> <u>Você sabe porque eles usam esas armas</u> para caça e pesca [...]
> CAMILA

A média mais baixa de ocorrências de indícios de atividade epilingüística por texto se deu nos textos argumentativos (12). À semelhança dos textos descritivos, neste tipo textual também foi observado que as crianças não organizaram a "abertura" do texto, em que identificariam o problema em questão. Em geral, as crianças partiram para a apresentação da argumentação, expondo posicionamentos e suportes para os mesmos. Estes posicionamentos e suportes nem sempre estão em equilíbrio: às vezes há ênfase em uns, outras vezes, em outros.

O fato de a maioria destes textos serem encaminhados em 1ª pessoa parece ter contribuído para a produção de textos mais coerentes, embora marcados muitas vezes por posicionamentos reiterados em estruturas sintáticas que se repetem.

De acordo com a análise dos textos, de um modo geral, os resultados encontrados na tabela apresentada anteriormente parecem refletir o desempenho das crianças na produção dos textos, tomando-se como ponto de partida uma melhor performance nos textos narrativos. Ressalvo, entretanto, que a diferença de médias entre os textos descritivos e argumentativos pode ter-se aprofundado pela diferença entre a extensão dos textos dos dois conjuntos de textos. Os textos descritivos, principalmente os biográficos, ocuparam em média uma página de papel. Os textos argumentativos, por sua vez, foram textos mais curtos. A objetividade das crianças parece ter sido determinada pela dificuldade de organizar argumentações complexas.

Textos narrativos

As ocorrências relacionadas à atividade epilingüística das crianças nos textos narrativos se mostraram superiores não só em quantidade, mas também em relação à diversidade. Estas ocorrências estão vinculadas a uma grande variedade de aspectos lingüísticos que passo a categorizar e analisar.

a) *Oscilações*

> Não fique não fique só olhando só para o cham (chão) veja como as flores são lida.
>
> CAMILA
>
> ... e todo dia dava comida para come o João. Maria fazia o cervicio da casa. Diariamente a bruxa ezaminava o dedinho do João o João mostrava um o osso a velha era sega.
>
> FABIANA

Nos dois fragmentos de textos apresentados, as crianças deixam à mostra suas dúvidas em relação (i) à melhor posição para o vocábulo "só", no primeiro dado; e (ii) ao uso de uma ou outra forma gramatical – "um/o" –, no segundo dado, ambas relacionadas à construção e organização do sentido dos textos. É interessante observar que os dois indícios de manipulação dos recursos expressivos destacados se referem a conhecimentos de naturezas diferentes, bem como apontam para a capacidade das crianças de atentarem para detalhes semânticos bastante sutis.

b) *Acréscimos*

> a vélinha que não sabia de nada fes o bolo eles comeram muto bolo <u>claro porque eles</u> <u>comeram todo o bolo</u>
>
> GIULIA

Neste fragmento se evidencia a necessidade de Giulia de acrescentar uma informação que explicasse o que havia afirmado (comeram muito bolo), funcionando como um reforço.

c) *Retificações*

> Curumim era uma criança
> esperta, ele gostava de descobri coisas.
> gostava de sai com o pai um dia eles inconto
> no meio do caminho uma cobra e um, jaca -
> re <u>brigol comesaram a briga</u>, o curumim e
> o pai o saiu e o curumim segiu o pai
> para caça o pai matou os dos alimas o pai incomto
> o filho ele pidiu ajuda para leva a cobra e o pai
> levou o jacare ele ficom muintu felis
>
> RAPHAEL
>
> ... e João e Maria perceberam que a avelha <u>é era</u> brixa (bruxa)...
>
> PÂMELA

Esta categoria está muito próxima da categoria (a), *oscilações*, mas a diferencio já que, estando ligada ao caráter temporal do verbo, parece-me que as crianças realizam uma reflexão sobre os planos do tempo envolvidos no texto narrativo e retificam as frases: em vez de *brigou* seria *começaram a brigar*; em vez de *é* deve-se usar *era*.

d) *Repetições*

> ELES COCIGIRO PEHARO O OROS E FORO A VOADO PARA CASA
> (Eles conseguiram pegar os ouros e foram voando para casa.)

E FORO RICO PARA CEPE.
E FORO FELIS PRA CEPE.

MARCOS VINICIUS

era uma vez dois irmão que se chamavam João e Maria. Eles ajudavam os pais. Eles era pobres. <u>Todos dia eles ajudavam</u> a colér lenha <u>todos dia a judavam</u> eles ara pobre.

FABIANA

As repetições parecem estar associadas a dificuldades de organização sintática dos períodos, considerando que as crianças estão lidando, ao mesmo tempo, com numerosas e complexas demandas textuais e mecânicas da escrita.

e) *Inserções*

Voando no céu João e Maria
(aqui a inserção de "<u>no lindo cine brano</u>" /no lindo cisne branco)
com o tesoro conseguiram
voutar para casa

PRISCILA

Esta operação de inserção parece estar associada ao monitoramento global pela criança da atividade que está desenvolvendo, o que lhe possibilita, em alguns momentos, mergulhar no texto e perceber que há informações necessárias à compreensão que estão ausentes. No caso em questão, como João e Maria voariam? Nada foi dito sobre isto anteriormente. Então, a criança insere uma informação que viabiliza a compreensão do leitor: *no lindo cisne branco*.

f) *Salvaguardas*

ele camiho e em comtrou muitas espigas de milho, <u>que nós chamanos de milharal</u>.

PÂMELA

A operação de salvaguarda se relaciona à necessidade da criança de esclarecer o sentido pretendido para palavras que emprega sem, pelo que indicam os dados, ter muita clareza quanto ao uso ou ao significado: *muitas espigas de milho* não significam um milharal, por exemplo.

g) *Esclarecimentos*

> e a bruxa botou João noma cela. E todos os dias a bruxa dava comida para o João. Todos os dias porque ela queria come-lo e a Maria.
>
> VÍTOR

Esta categoria diz respeito à necessidade de a criança levar o leitor a compreender situações que possam parecer paradoxais: se a bruxa era tão má, como ela dava comida diariamente para o João? É preciso explicar o interesse da bruxa em comer o menino. Trata-se de um recurso de esclarecimento.

h) *Ajustes*

> e a Maria teve que fazer todos os ceviso. Todo o serviso de casa.
>
> CAMILA

Na operação em foco, a criança especifica melhor a informação dada, ajustando o sentido do texto, visando a uma melhor definição do que está sendo narrado. Maria não tinha que fazer todos os serviços de um modo genérico; ela tinha que dar conta dos serviços da casa.

i) *Lapsos*

> eles pegou uma sesta cheia de milho e eles pediram pra avo para fazer um dolo de milho e os curumins sem cheram de bolo de milho. Avo de tanto cansada deitou na rede e cortarão alimgoa do papagaio os curumins foi lana floresta apanho un beja-flor. Amararam um **(cipó no)** bico do beja-flor e e le a mararão mutos e mutos **(falta de palavras)** emandou o beja-flor voar e a marar o bico do topo do ceu **(seria o cipó no topo do céu)**.
>
> CAMILA

Esta última categoria está vinculada à dificuldade que as crianças manifestam, em alguns momentos, de monitorar a execução do texto, o que se expressa através de lacunas, isto é, de supressão de palavras, expressões e até de orações inteiras. Esta categoria está associada, de um modo geral, a textos ou a partes de textos que apresentam a necessidade de uma complexa organização sintático-discursiva, por envolverem o enredamento de muitas informações. No fragmento de texto acima, pode-se observar a situação de forma bastante clara nas partes marcadas em negrito.

Algumas categorias apresentadas se manifestaram relacionadas, principalmente, a questões de natureza lexical e conceitual. Estas ocorrências reforçam a conceituação de linguagem adotada neste estudo ao anunciarem que, na atividade de constituição da linguagem escrita, estão se construindo sistemas de referências não só lingüísticos, mas vinculados à cognição de um modo geral.

A atividade epilingüística nos textos narrativos incidiu predominantemente sobre:

I. questões de natureza semântica, no que diz respeito à ordem das palavras na frase, à organização das referências no texto, à compreensão do significado de expressões e palavras, ao aspecto verbal, entre outras;

II. questões morfossintáticas, como aquelas relativas a construções com verbos pronominais, à flexão de número e à coordenação de sintagmas nominais e oracionais.

O predomínio destas questões indica que o aprendizado de produzir textos em língua escrita está intimamente relacionado à construção do sentido dos textos.

A dificuldade das crianças de lidarem com a questão apontada por último, no item II, isto é, a coordenação de sintagmas nominais e oracionais, evidenciou um modo "parcelado" de planejamento de textos. As crianças parecem ir planejando o texto passo a passo com a execução, o que dificulta a elaboração de soluções mais globalizadas. Ao mesmo tempo, em alguns momentos, evidenciam um mergulho no texto de modo global.

A reprodução de histórias pelas crianças parece ter demandado um esforço cognitivo maior do que a criação de histórias. Na reprodução, as crianças precisam coordenar o fluxo de um texto já planejado globalmente, obedecendo a uma determinada representação sintático-discursiva, com a execução do mesmo. Esta atividade trouxe problemas para as crianças. Os problemas se evidenciaram pela omissão de partes do texto, e, até pela simplificação do texto, por meio de justaposição de orações, em vez da apresentação de um texto hierarquizado, característico de textos narrativos. Quanto maior a complexidade narrativa dos textos, mais ela afetava a realização da reprodução.

A criação de histórias, de um modo geral, não trouxe dificuldades para as crianças. Embora com tramas simples, as histórias apresentaram o esquema textual narrativo e foram bem resolvidas em todos os aspectos.

Uma outra questão observada diz respeito às partes descritivas contidas nos textos narrativos. Estas partes, em geral, compõem a orientação da narração, o "background" narrativo. Foram observadas ocorrências indicativas de que a mudança no tempo do discurso afetou a produção. As crianças, de um modo geral, trouxeram o texto para o tempo da enunciação, como mostra o fragmento abaixo:

> A janela era de chocolate apota e de bala e o telhado e de bolo
> FERNANDA

A análise dos dados mostrou um crescente aprofundamento pelas crianças no conhecimento lingüístico. A análise da língua que as crianças foram sendo capazes de realizar permitiu a ampliação no uso de recursos expressivos e de sistemas de referências; entretanto, revelaram-se também dados singulares em relação a aspectos que nem sempre foram os selecionados para a análise. Destaco alguns destes dados, que se relacionam:

a) à flexão de número:

> que olho grande vovo <u>sãos</u> pra te enchga melhor
>
> FERNANDA
>
> eles dão sorte e acharam muitas <u>migalham</u> de milho
>
> GIULIA

Nos dois casos, as crianças estão lidando com conhecimentos próprios da língua escrita, mas que não se mostram adequados para as situações em questão. Tanto o "s", no caso de nomes, como o "m", no caso de formas verbais, são marcadores de plural na nossa língua: as crianças reconhecem a necessidade de marcar o plural nos textos e usam as desinências de forma equivocada. Cumpre ressaltar que as crianças, ao mesmo tempo em que revelam esta dificuldade, evidenciam um conhecimento que já possuem sobre a língua.

b) à combinação de preposições com artigos ou pronomes demonstrativos:

> – eu vol para casa <u>da a</u> minha avó.
>
> FABIANA
>
> quando estava amdono <u>pelas as quelas</u> fola enormes...
>
> FERNANDA

Nos dois exemplos apresentados, explicita-se o esforço das crianças de compreender a organização da escrita, analisando a composição de palavras e identificando seus constituintes.

Textos descritivos

A atividade epilingüística observada nos textos descritivos se manifestou, principalmente, com o objetivo de explicitar ou sinalizar melhor informações importantes para a construção do sentido do texto, por meio de:

a) *Reelaborações de partes do texto*

> Mônica e Magali é filha dele. As personagens Mônica e Magali são ispirada nas filhas dele Mônica e demtuca e Magali comilona.
>
> FERNANDA

> Experiência: Pegue a água e bote nun pote a cinco sentinitros e você vera que não cemestura.
> 1°. bote no primenro pote a água eóleo a cinco sintinitros e você vera que não se – mestura porque o óleo tem as moléculas deferente da água.
> 2°. [...]
>
> PÂMELA

As crianças parecem se dar conta de problemas em seus textos e retomam o trecho percebido como problemático, reelaborando-o e deixando visíveis as marcas da reelaboração.

b) *Inserções*

> Elas nacei do ovos e las tei sequi (sangue) quete (quente) com **tepratura** (palavra inserida) propria As aves são ossos são ocos.
>
> GABRIEL

> na sua organização social **os indios tem** (parte inserida) dois chefes casiqui e pajé.
>
> RAPHAEL

Como nos textos narrativos, as crianças parecem estar monitorando a produção textual, em alguns momentos mais e em outros menos, e dando-se conta das lacunas deixadas, inserem as palavras que ficaram faltando, conforme se vê nos exemplos destacados acima em negrito.

c) *Salvaguardas*

> Teve um dia mas já passou que ajente disputou bandera e...
>
> MARCOS VINICIUS

Neste caso, a criança parece não sentir o aspecto de tempo passado do verbo em "teve um dia" e complementa de forma redundante com "mas já passou", procurando garantir a compreensão do sentido do que está escrevendo.

d) *Reforços*

> O polvo muda de cor que são vermelha, marom e laranja. O polvo gigante tem 9 metros. No acasalamento ele abraça a namorada 1ª cemana e depois ela choca os ovos de 30 mil até 100 mil <u>a femia não pode sair de lá nem para come ela não pode sair</u> **ela** (inserido) fica lá 5 mezes chocando...
>
> GIULIA
>
> As fêmias <u>demora a morrer</u> 80 anos e os machos 50.
>
> FABIANA
>
> Os indios comen milio e <u>futo selvagens</u> e comen <u>futos do mato</u>...
>
> GABRIEL

Os recortes aqui reproduzidos sugerem que as crianças também procuram garantir o sentido dos textos utilizando-se de estratégias de reforço para o que estão querendo enfatizar. A repetição, o eufemismo e o uso de expressões equivalentes, nos três fragmentos acima apresentados, respectivamente, parecem apontar para a preocupação com o sentido dos textos, na perspectiva do convencimento do leitor.

Como os textos descritivos têm predominantemente o foco no conteúdo que está sendo tematizado, observaram-se muitas ocorrências relacionadas ao uso do léxico e à constituição de conceitos pelas crianças.

Além das ocorrências mencionadas acima, foram observadas ocorrências relativas à regência e concordância de verbos e nomes, ao aspecto verbal, ao controle de referências nos textos e à coordenação de sintagmas.

As operações realizadas pelas crianças estavam associadas ao esforço de produzir recursos expressivos que dessem conta do que as crianças desejavam exprimir e, também, à dificuldade de compreender e usar determinadas construções, que certamente foram aprendidas pela leitura e/ou escuta de textos escritos.

Conforme já foi mencionado, a interação com o leitor parece ter sido o motivo desencadeador da busca de estratégias destinadas a superar dificuldades que, principalmente, alguns textos apresentaram para as crianças.

Muitas vezes, no esforço de organizar as informações sobre os objetos em foco, as crianças produziram assimetrias semânticas e sintáticas (ver fragmento abaixo). Foi verificado que a complexidade temática afetou a produção de alguns textos.

> Tom começou atrabalhar <u>en bares eno movimento da Bosa Nova</u> com Vinicius de Moraes, Toquinho e Chico Boarque de Olanda e outros musicos poetas e compositores.
>
> PRISCILA

Lado a lado com os problemas que as crianças tentavam resolver, foram encontrados recursos sofisticados, como o uso de parênteses e aspas, destacando elementos do texto e a associação de idéias por meio de uma barra, como pode ser observado abaixo:

> Os "<u>piolhos</u>" vivem no coro cabeludo e deixam pequenos ovos brancos (lendeas) na rais dos cabelo.
> Normalmente os ovos estão localizados <u>na e perto da</u> orelha.
>
> VÍTOR

Os dados idiossincráticos aqui se revelaram na organização de concordâncias verbais, como "elas avoas"", "tives varios amigos" e "elas (as baleias) se coças"; na flexão do plural da palavra "bebê", como BEBERES, em "Os beberes des de 2 anos eles mamão", referindo-se aos bebês das baleias; e na construção indicadora de posse "As aves são ossos são ocos", querendo dizer "Os ossos das aves são ocos".

Textos Argumentativos

As ocorrências relativas à atividade epilingüística das crianças nos textos argumentativos estão predominantemente relacionadas às dificuldades na organização da argumentação propriamente. As ocorrências foram observadas em forma de:

a) *Repetições*

> EU Gabriel APRETE MUNTAS COLSAS NA ESCOLAATÉ RESIQLA
> E EU DOU APREDEDO APRE le NA
> ESCOLAR E AS PROVESORAS INSENAM MUNTAS COLSAS QUE
> ATÉ QUE A PRETE
> EU APRETE ATÉ DROPADUR (dobradura) NA ESCOLAR QUI
> APRETE ATÉ DESENHA QUI TANBEN EU A PRA APREDEDO
> ETABEN A PRATI ESGREVER.
>
> GABRIEL
>
> (Eu Gabriel aprendi muitas coisas na escola. Até reciclar./ E eu estou aprendendo a ler na/ escola e as professoras ensinam muitas coisas que/ até que aprende/ Eu aprendi até dobradura na escola que/ aprendi até desenhar que também eu aprendendo/ e também aprendi escrever.)

As repetições, como as observadas acima, estão vinculadas ao aspecto reiterativo da argumentação dos textos. Estas repetições tiveram como conseqüência assimetrias, tanto sintáticas quanto semânticas.

b) *Retificações*

> PRESIDENTE ELEITO QUER APOIO DE NOVOS GOVERNADORESPARA REVISÃO CONSTITUCIONAL
>
> Fernando henrique quer renião de todos para acabar com a inflação. Dodos (=todos) os governadores eleito do p s d b todos são a fafor da refome constitucional. Os contra são 5, 2 do pT, 1 é do PDT, 2 do PSB *e* (ligeiramente apagado) mas aseitam negosiar.
>
> GIULIA

As retificações foram explicitadas como uma tentativa de controlar melhor o sentido dos textos. O contraponto apresentado na última oração se coaduna melhor com mas do que com e.

c) *Salvaguarda*

Ganha saliência, pela singularidade originada na compreensão da indeterminação da linguagem, o comportamento epilingüístico de Gabriel em:

> Eu Gabriel aprete muntas colsas...
> (Eu, Gabriel, aprendi muitas coisas...)

Gabriel parece se dar conta da indeterminação do pronome *eu* (Quem é este *eu*?) e resolve o problema relacionando o eu ao seu nome.

A sofisticação no uso de recursos expressivos se manifesta também, como pode ser observado abaixo, na articulação pela criança de duas realidades temporais:

> A importânsia de ler e escrever para mim é e era muito grande.
> FABIANA

Considerações finais

Durante três semestres letivos foi analisada a atividade de reflexão sobre a linguagem escrita, na produção de texto, realizada por dez crianças, no início do seu processo de alfabetização formal. Isto é: a atividade espontânea que as crianças realizaram enquanto produziam os textos. Esta atividade foi observada prioritariamente na perspectiva sintático-discursiva em textos narrativos, descritivos e argumentativos.

Estas dez crianças faziam parte de uma turma de escola pública onde a professora desenvolvia um trabalho de produção textual que favorecia a expressão, pelos alunos, de seus saberes, suas hipóteses, suas hesitações.

A análise dos dados permitiu observar, no processo de produção textual, a complexidade de conhecimentos que as crianças vão desenvolvendo, ao buscarem recursos que expressem os sentidos desejados para seus diferentes textos. A boa qualidade da reflexão e da análise lingüística realizadas pelas crianças de 6/7 anos se revela durante todo o processo. A natureza e o caráter desta reflexão sobre o conhecimento lingüístico parecem ter sido acessados, em grande parte, por meio do contato e leitura dos textos escritos que circulavam, intensamente, e de várias maneiras, no cotidiano da sala de aula.

As crianças foram apreendendo o valor simbólico do sistema lingüístico em questão, ao mesmo tempo em que dele se apropriavam como uma outra forma de apresentar e dialogar com a realidade. Simultaneamente também foram desenvolvendo estratégias de dizer os textos e de conceber o sistema de escrita, muito embora, por vezes, dificuldades ligadas ou à construção do dizer ou à construção do sistema bloqueassem um ou outro dos alunos .

Os textos escritos a que as crianças tiveram acesso, gerados no interior de práticas sociais culturalmente determinadas, foram observados como matrizes de soluções para a produção de seus próprios textos. A organização e o uso social da modalidade escrita da linguagem foram estruturantes daquela produção, ao funcionarem como organizadores de possibilidades para a construção do sentido dos textos pelas crianças.

A atividade epilingüística aqui investigada se revelou de modos diversos e em situações diversas, tanto nos textos narrativos quanto nos descritivos e argumentativos. Esta atividade caracteriza o processo de produção de textos escritos, principalmente, de duas formas: (i) como um processo de contínua e recorrente análise; e (ii) como um processo marcado pela presença do sujeito da/na linguagem em direção a um Outro.

As questões acima tratadas devem ser consideradas não só na construção de uma teoria de aquisição da linguagem escrita, mas também na construção de um quadro teórico que subsidie as propostas de ensino da língua portuguesa.

De acordo com os caminhos percorridos neste trabalho, pude observar que alfabetizar é menos impor modelos que permitir que o sujeito desenvolva sua forma de captar o simbólico social nos textos (e aí está incluído o sistema de escrita), a partir de sua subjetividade, com a sua marca, a sua assinatura. A construção da identidade individual no processo de produção de textos parece estar fundada na construção da identidade social.

As crianças vão compreendendo e adentrando a organização da linguagem escrita, socialmente relevante, moldando, do interior de um grupo, uma identidade subjetiva que, desde a gênese, contém as marcas de seus processos. A importância de dar continuidade ao estudo destes *processos* "era e é muito grande", como diria a Fabiana.

Referências bibliográficas

ABAURRE, M. B. M. Língua Oral, Língua Escrita: interessam à Lingüística os dados da representação escrita da linguagem? IX Congresso Internacional da ALFAL. Campinas: UNICAMP, 1991. (mimeo.)

ABAURRE, M. B. M. Indícios do trabalho do sujeito em dados representativos do processo de aquisição da escrita. Hand-out de Trabalho apresentado na mesa-redonda "Aquisição da Escrita", no VI Congresso da ASSEL, 1996.

ABAURRE, M. B. M. *et al.* Considerações sobre a utilização de um paradigma indiciário na análise de episódios de refacção textual. *Trabalhos em Lingüística Aplicada*, n. 25, Campinas: IEL/UNICAMP, 1996.

FRANCHI, C. [1977]. Linguagem – atividade constitutiva. *Cadernos de Estudos Lingüísticos*, n. 22, Campinas: IEL/UNICAMP, 1992, p. 9-39.

FRANCHI, C. Reflexões sobre a hipótese da modularidade da mente. *Boletim da ABRALIN*, n. 8, 1986, p. 17-35.

GARCIA, O. M. [1967]. *Comunicação em Prosa Moderna*. Rio de Janeiro: Fundação Getúlio Vargasm 1978.

GERALDI, J. W. *Portos de Passagem* (Prefácio de Carlos Franchi). São Paulo: Martins Fontes, 1991.

GINZBURG, C. Raízes de um Paradigma Indiciário. In: C. Ginzburg. *Mitos, Emblemas, Sinais – Morfologia e História*. São Paulo: Companhia das Letras, 1989, p. 143-179.

KATO, M. A. (Org.). *A Concepção da Escrita pela Criança*. São Paulo: Pontes, 1988.

LABOV, W.; Waletsky, P. Narrative Analysis – oral versions of personal experience. In: HELM, H. (Org.). *Essays on the verbal and visual arts: Proceedings of the 1966 Annual Spring Meeting of the American Etnological Society*. Seattle: University of Washington, 1967, p. 231-258.

PACHECO, C. M. G. *Era uma vez os sete cabritinhos: a gênese do processo de produção de textos escritos*. Tese (Doutorado em Letras), PUC-Rio, 1997.

VIEIRA, M. A. R. O Desenvolvimento da elipse em textos narrativos, descritivos e argumentativos. In: Kato, M. A. (org.). *A Concepção da Escrita pela Criança*. São Paulo: Pontes, 1988.

A PONTUAÇÃO COMO RECURSO DE TEXTUALIZAÇÃO: AS DESCOBERTAS DE UMA CRIANÇA[1]

Cancionila Janzkovski Cardoso

A reflexão sobre o processo de aprendizagem da escrita que apresento neste trabalho está apoiada no pressuposto de que a fala domina e modela a vida interior, influenciando toda a dimensão simbólica do ser humano. Desse modo,

> a compreensão da linguagem escrita é efetuada, primeiramente, através da linguagem falada; no entanto, gradualmente essa via é reduzida, abreviada, e a linguagem falada desaparece como elo intermediário. (VYGOTSKY, 1984, p. 131)

A partir desse pressuposto mais geral, Schneuwly (1988, p. 50) formula a sua hipótese central: a produção de textos escritos pressupõe a transformação de um sistema já existente, a linguagem oral, pela *diversificação* e *complexificação* de operações de linguagem[2] de diferentes níveis, para situações de comunicação cada vez mais complexas. Para esse autor, "aprender a produzir textos escritos implica sempre aprender a agir lingüisticamente em situações novas." (Ver JÚNIA, 2003, p. 124).

---

[1] Este trabalho, apresentado na 23ª Reunião Anual da ANPED, é parte do III Capítulo da Tese de Doutorado *"A socioconstrução do texto escrito: uma perspectiva longitudinal"*, defendida em dezembro de 2000, junto ao Programa de Pós-Graduação em Educação da Universidade Federal de Minas Gerais.

[2] A tradução dos textos originais em francês é de minha responsabilidade. Na ausência de um termo mais apropriado, "langagière" será traduzido pela expressão "de linguagem" ou "da linguagem" e, às vezes, por lingüístico.

Do ponto de vista psicológico, trata-se de fazer funcionar e dominar, nas diferentes situações de comunicação escrita, dois processos: a) o planejamento autogerido do texto; b) a instauração de uma relação mediata em relação à situação material de produção. No que concerne ao primeiro, o controle e a gestão da produção não se ancoram mais na análise da produção de linguagem pelos parceiros numa dada situação, como acontece com os textos falados; é necessário desenvolver uma instância de controle e de gestão autônoma, permanente, que funcionará durante toda a produção do texto escrito. Igualmente, o outro processo implica que o cálculo e a criação das origens textuais (temporais, espaciais, argumentativas) funcionam independentemente da situação particular. No nível psicológico, trata-se de um funcionamento que exige a criação de novas instâncias de cálculo, de gestão e de controle, que já se encontram, de maneira rudimentar, nas situações ligadas ao uso da oralidade. Trata-se de conceber a linguagem escrita como a "álgebra da linguagem" (Cf. VYGOTSKY), cuja apropriação permite à criança ascender ao plano abstrato e mais elevado da linguagem, ao mesmo tempo em que reorganiza o sistema psíquico anterior, o da linguagem oral.

Considerando os muitos trabalhos existentes sobre a linguagem escrita das crianças, e em especial os da psicologia cognitiva, Schneuwly (1988, p. 55), embora reconheça os avanços proporcionados por essas pesquisas, caracteriza esses avanços como "a ponta do iceberg do processo de escritura, propondo-se a evidenciar as múltiplas operações sobre as quais se apóiam os processos conscientes." A partir da hipótese de que esses processos se desenvolvem, mas também se transformam, esse autor pretende demonstrar como "o desenvolvimento de mecanismos de controle global depende, em grande parte, da apropriação de técnicas e de meios de linguagem diferenciados." Para ele, a estrutura subjacente ao funcionamento da escritura pode tornar-se visível com a descrição e a análise das técnicas e dos meios de linguagem, exatamente no único nível que nos é acessível, o das unidades lingüísticas utilizadas nos textos.

Entendo que essa via de análise da produção escrita – nova e pouco explorada –, que operacionaliza o conceito de mediação semiótica por meio das unidades lingüísticas textuais, pode revelar-se muito fecunda, tanto do ponto de vista teórico quanto do prático. Teoricamente: porque concebe a linguagem escrita como construção social, balizada por inúmeros fatores – as práticas de escrita de uma determinada sociedade, as origens interpsicológicas do processo, as relações semióticas que tornam possível o acesso à linguagem e, ainda, explicam prováveis reestruturações do funcionamento psíquico em seu conjunto. Praticamente: porque, ao desvendar processos e descortinar as operações de textualização, pode instrumentalizar os professores a interferirem de forma mais produtiva na área da produção textual que é, em nossos dias, ao mesmo tempo, a mais requisitada em termos de ensino e a mais frágil em termos de formação profissional.

Neste trabalho, à luz dos estudos citados, tentarei explicitar o funcionamento de uma dimensão do uso das unidades lingüísticas, resultante de operações de textualização de textos escritos: a pontuação. A escolha dessas marcas que aparecem na superfície textual está vinculada à hipótese de que elas são, mesmo nos primeiros textos infantis, indicadores da organização temática e seqüencial dos textos. Sua apreensão gradativa por aquele que escreve traduz formas de gestão textual, especialmente de planejamento, cada vez mais sofisticadas.

Nesse sentido, para explorar do ponto de vista desenvolvimental a capacidade de aplicar operações textuais complexas e, notadamente, de intervir como enunciador em um texto, utilizei um conjunto de quatro textos narrativos, que contempla quatro anos de escolarização de uma criança.[3]

---

[3] A pesquisa feita para a tese de doutoramento contempla o processo de 4 anos de escolarização de 14 crianças, analisando um *corpus* de 97 textos escritos e 22 entrevistas de explicitação.

A hipótese que sustenta a escolha desse tipo de texto é a de que o caráter narrativo se manifesta por uma centração do autor sobre um ponto de vista único, que facilita a seleção das informações, e por um agenciamento particular dos encadeamentos das informações.[4] Isso se manifesta, no texto, em diversos níveis: na estruturação, nas relações estabelecidas entre os diferentes elementos, nas intervenções diretas do enunciador. Assumir o ponto de vista narrativo supõe uma capacidade de planejamento textual relativamente desenvolvida e uma capacidade de distanciamento em relação ao texto. Estas capacidades existem em menor escala no início do processo de escolarização e vão-se ampliando em quantidade e importância, mostrando o processo de apreensão de novas possibilidades da língua.

A atividade de produção de linguagem

Schneuwly (1998) organiza suas hipóteses sobre a atividade de produção de linguagem (tanto oral quanto escrita) num modelo composto de três instâncias de operação.

A primeira é a elaboração de uma "base de orientação", que, durante o processo, vai estabelecendo parâmetros para a ação de linguagem a partir das representações internas do sujeito sobre o lugar social dos participantes, as relações entre o enunciador e o(s) destinatário(s), as finalidades da interlocução.

A segunda é a "gestão textual", que abrange as decisões do locutor quanto ao desenvolvimento global da atividade. Nessa instância, o sujeito realiza operações que definem as relações entre o mundo discursivo que está criando e a situação de produção, o que Schneuwly chama de "ancoragem enunciativa". Além disso, o sujeito também realiza operações de "planejamento", que envolvem a construção e o controle do texto em sua globalidade: a ativação e articulação seqüencial dos conteúdos, através de procedimentos de organização

---

[4] Ver Barthes (1966/77) e Labov & Waletzky (1967).

cognitiva do real por relações conceituais-analíticas, ou temporais-cronológicas, ou contrastivas-dialéticas, etc.; a opção por um dos tipos discursivos básicos – da ordem do "expor" ou da "ordem do "narrar", conforme Bronckart (1999) –; a estruturação formal dos conteúdos de acordo com um modelo convencional (a "forma composicional", para Bakhtin).

A gestão textual, segundo Schneuwly, pode ser "autogerida (monogerida)" ou "hetero-gerida (poligerida)". Na primeira forma, o controle da atividade é exterior e se faz pela avaliação do efeito do texto em produção sobre a situação. Na segunda, o controle é, sobretudo, interior e acontece na ausência do efeito imediato do texto sobre a situação. Pensemos como exemplo de planejamento poligerido uma conversa oral em que o texto é produzido por muitos co-enunciadores e em que, portanto, o destinatário é também co-enunciador. Como exemplo de planejamento monogerido, poderíamos pensar numa narrativa ficcional escrita, onde a representação do destinatário é mediatizada pela representação interna do enunciador.

A terceira instância de operações da atividade de produção de linguagem é a que Schneuwly chama de "linearização", a qual se desenvolve sob a dependência das duas instâncias anteriores e lida com as unidades lingüísticas, produzindo o tecido do texto. Nessa instância acontecem as operações de "referenciação" e "textualização".

Todo discurso remete a um referente (aquilo que é descrito ou relatado ou argumentado) que é objeto de uma representação mental do enunciador. Essa representação mental é sempre multidimensional. As operações cognitivo-lingüísticas desencadeadas na produção de um texto, seja ele oral ou escrito, devem tomar uma forma estritamente "linear" e dependente do tempo: devem se materializar em unidades lingüísticas e, a cada momento, só uma informação pode ser emitida. O problema essencial com o qual se debate o enunciador é o de compatibilizar a estrutura linear das informações lingüísticas com a estrutura claramente não-linear e multidimensional da representação mental.

Para Schneuwly (1988), na instância de "linearização" há dois processos em forte interação: por um lado a busca e o posicionamento de itens lexicais – a "referenciação"; por outro lado, a escolha/assunção e o funcionamento de unidades lingüísticas dependentes do cotexto[5] – a "textualização". As operações de "referenciação" e "textualização" expressam a materialização do texto, ou seja, a construção efetiva da cadeia textual, o colocar em frases e em palavras.

O autor distingue três tipos de operações de "textualização": as de "coesão", as de "conexão/segmentação" e as "modalização". Cada uma delas comporta subconjuntos específicos de operações para realizar a função que lhe é própria e se realiza por meio de categorias particulares de unidades lingüísticas.

As operações de "coesão" compõem cadeias de "coesão nominal" e de "coesão verbal". As primeiras se revelam pelo uso de substantivos, pronomes e processos de sinonímia, antonímia, metonímia, metáfora, etc., para introduzir e retomar elementos no texto. As de "coesão verbal", pela sinalização de tempos, modos e aspectos feita pelas verbais.

As operações de "conexão/segmentação", por um lado, "pontuam" o discurso, dividindo-o em partes e, ao mesmo tempo, funcionando como "cimento" que rejunta as unidades atomizadas resultantes da referenciação; por outro lado, articulam essas unidades ao contexto. Além disso, têm a característica enunciativa de poder manifestar a apreciação valorativa que o enunciador tem de seu interlocutor (ouvinte/leitor), das vozes participantes da enunciação e/ou do tema que é objeto da enunciação. As unidades lingüísticas que marcam as operações de conexão e de segmentação na superfície textual, como traços resultantes dessas operações, são os "organizadores textuais" (conjunções, articuladores) e, no texto escrito, os sinais de pontuação.

---

[5] Entende-se por *contexto* as condições de produção de uma situação sóciodiscursiva; *cotexto*, por seu turno, designa o ambiente lingüístico imediato: os enunciados que precedem e/ou sucedem o enunciado considerado.

Já "modalização" diz respeito especificamente a operações que manifestam o posicionamento do enunciador com relação àquilo que enuncia, sinalizando, por exemplo: (i) se o enunciador apresenta seu enunciado como asserção, ou pergunta, ou ordem, ou pedido, etc.; (ii) se considera o que diz falso ou verdadeiro; necessário, provável, possível ou plausível; facultativo ou obrigatório; (iii) se avalia o que diz como bom ou ruim, esperável ou surpreendente, etc. As operações de "modalização" se realizam, entre muitos outros recursos, pelo uso de advérbios como *felizmente* ou *infelizmente*, por expressões do tipo *eu sei que, eu acho que, é desejável que, é inacreditável que*, etc., pelo emprego dos sinais de pontuação na língua escrita.

Pontuação: valor(es) de sentido

No momento atual, contamos com poucos estudos, no Brasil, sobre a aprendizagem pelas crianças do sistema de pontuação.[6] Um ponto consensual entre esses estudos parece ser o de que os sinais de pontuação são utilizados, sobretudo, para delimitar ou segmentar as unidades textuais do tamanho da expressão, da proposição, da frase e do parágrafo. A habilidade para efetuar uma segmentação, que aumenta a legibilidade do texto produzido, é reconhecida como uma característica importante de um bom escritor.

---

[6] Dentre os estudos brasileiros, Kato fez um estudo de caso longitudinal (quatro primeiras séries do 1º grau) de uma criança, procurando "determinar as estratégias que ela utiliza para obter um produto coeso e coerente a partir da hipótese de que desde o início, a criança tem a concepção de que o texto é uma unidade formal e conceptual." (KATO, 1992, p. 193). Rocha analisou 115 narrativas produzidas por crianças de duas escolas do Ceará (uma da rede pública municipal e outra particular) que freqüentavam as três primeiras séries do ensino fundamental, tentando demonstrar "como o domínio da pontuação ocorre paralelamente ao domínio do formato gráfico do texto e como as crianças recorrem a esse conhecimento para orientar a distribuição da pontuação no texto." (ROCHA, 1996, p. 3). Steyer procurou "estabelecer a psicogênese do sistema formal de apresentação textual", incluindo, entre outros aspectos, o sistema de pontuação, relacionando-a com o desenvolvimento cognitivo (STEYER, 1999).

Para Schneuwly (1988), no entanto, pontuar significa mais do que isso. A utilização do sistema de pontuação está em interação com outros níveis e tipos de operação: com o "planejamento", na medida em que o uso de sinais como ponto, vírgula, ponto e vírgula, dois pontos, alínea (parágrafo), pode estar relacionado com as fases de organização do texto; com a "ancoragem enunciativa", já que, por exemplo, as aspas podem sinalizar o uso de palavras alheias; com a *modalização*, visto que aspas, parênteses, reticências, pontos de exclamação e de interrogação podem manifestar a avaliação do enunciador sobre o enunciado. É importante lembrar que, para o autor, "essas operações funcionam em dependência estreita com a escolha do destinatário e do objetivo da atividade de linguagem em curso" (op. cit., p. 75).

Já Fayol (1997) assume a hipótese de que existe uma estreita relação entre a estrutura hierárquica do conteúdo de um texto escrito e a pontuação. A pontuação seria o indicador de superfície do grau de distância (ou de ligação) entre os constituintes da representação mental subjacente ao texto: quanto mais os estados/acontecimentos fossem intimamente ligados, mais raro e mais fraco (i.e., ausência de marca ou vírgula) seria o nível da pontuação; quanto mais os estados/acontecimentos fossem independentes uns dos outros, mais freqüente e mais alto seria o nível da pontuação (i.e., alínea). De fato, ele encontra uma correlação importante entre força de pontuação (alínea, ponto, ponto-e-vírgula, vírgula) e grau de *ruptura*[7] entre ações adjacentes: quanto mais forte é a ruptura, mais forte é a pontuação, tanto nos dados de crianças como nos de adultos.

---

[7] O termo "ruptura" aqui se inscreve no quadro do que Fayol denomina de "hierarquias de informações nos textos"; o valor funcional da pontuação "é assinalar uma ruptura inter-acontecimento entre dois enunciados sucessivos no sentido de hierarquizar a importância (relativa) de informações no seio de um texto" (M. Fayol, D. Gaonac'h e S. Mouchon, 1998, p. 143). Podemos, assim, fazer uma analogia entre o conceito de "ruptura", utilizado por esse autor, e o conceito de "fronteira entre episódios da narrativa", utilizado por Emília Ferreiro (1996).

Essa ferramenta, de ordem essencialmente textual, que intervém apenas na escrita (embora guarde estreitas relações com o discurso oral[8]), é definida por Nina Catach como

> conjunto de signos visuais de organização e apresentação que acompanham o texto escrito, interiores ao texto e comuns ao manuscrito e ao texto impresso, a pontuação compreende algumas classes de signos gráficos discretos que formam um sistema, completando ou suplementando a informação alfabética. (CATACH, 1980, p. 21)

A lista daí decorrente abrange: vírgula; ponto-e-vírgula; pontos final, de exclamação e de interrogação; reticências; dois pontos; aspas; travessão; parênteses; colchetes; alínea. Há autores que juntam, ainda, a maiúscula, o itálico, o sublinhado e o asterisco.

Resumindo, temos duas funções para as unidades de pontuação: colocar em evidência quem fala no texto (no diálogo, nas citações, etc.) e organizar o conjunto do texto no nível global (partes do texto) e naquele da unidade de base do texto: a frase.

Levando-se em conta a função das marcas, sua freqüência, natureza e posicionamento, pode-se levantar a hipótese de que a utilização de sinais de pontuação traduz a intenção das crianças de intervir em seus próprios textos. Na perspectiva bakhtiniana, traduz, portanto, a construção do interlocutor, inerente ao processo de autoria.

Pontuando ao longo do tempo: uma complexa conquista

Apurar o olhar para um processo individual pode ser esclarecedor. Minha escolha, neste trabalho, recaiu em Paulo, tendo em vista que seu processo é particularmente interessante, por ter

---

[8] Sobre esse assunto ver, no Brasil, Chacon (1997) e, na França, Lourenceau (1980).

como característica um ponto de partida médio (1ª série) e um ponto de chegada claramente superior (4ª série) ao da maioria das 14 crianças, em termos da freqüência da pontuação. Assim, serão analisados quatro textos, produzidos no período da 1ª à 4ª série do ensino fundamental: o primeiro texto, destinado aos pais, é uma narrativa de uma parte do filme *Tempos modernos* (de Charles Chaplin), elaborado logo após as crianças terem-na assistido e recontado oralmente; o segundo texto é um relato de experiência (um sonho) e tinha a professora/pesquisadora como interlocutora; o terceiro texto é uma narrativa da história *Pinóquio*, elaborada para a professora; o quarto texto, dirigido a uma interlocutora distante (professora Magda), é um relato de experiência (a encenação de uma peça de teatro), elaborado cinco dias após a apresentação, na escola, para as crianças menores, fazendo parte, ainda, da situação de produção, uma discussão, em sala, sobre a experiência vivenciada.

1. – **Paulo, 1ª série**

Charles Chaplin
ia uma mulhe e un homem
a mulhe do Chaplin pegou e arrumou
um seviso do gaçon e o garsom ele pode
trabalha aqui sim .
ai né a pulicia pliculando a mulhe do
Chaplins a pulicia foi ai Chaplin e a
Mulhe dele fujiu a mulhe do homen
o homen sigurou a porta para pulicia
não pega ele e a mulhe dele .
ai Chaplin derrubou as cadeira ai as
policia cairam nas cadeia e saiu das
cadeiras e o Chaplims pegou e supiu
nas escrada e os polisia supiran
tamben ai as polisias pegou na agansou
ai ele fujiram para rua e voi embora
e a mulher dele fica feliz e foram
embora .

2. – Paulo, 2ª série

Texto: Eu gostaria de ga-
nhar um cavalo que o
nome dele ia chama
chita .
    Eu gostaria de ganha
Um cavalo .
    Eu estava pensando que
Eu tava sonhando que
Eu estava muntado no
Cavalo e ele correndo
Comigo .
    – Eu falei com o cavalo
chita vamos para ali .
    Nos paramos e eu desca-
Nssei o cavalo deitou
e dormiu .
    Ai ele acordou e
Eu e ele fomos lá pra
Cima avo .[de novo]
    Ai eu acabei a historia
    Eu vou da uma lembran-
Sinha para meu cavalo

    chita eu gostaria
    de verdade ganha
    um cavalo prá
    mim .

3. – Paulo, 3ª série

    Era uma vez um pai chamado Gepeto[9]
Gepeto vez um buneco de pao .
Quando Gepeto cabou de terminar o

---

[9] O texto aparece sem título. A instrução copiada do quadro de giz foi: ① *Produza um texto a partir da istória Pinóquio e ilustre.*

Pinoquio mecheu o nariz, a boca, a perna e
Levantou e andou. quando seu pai
Segurou ele escapou para rua
tinha um quarda orientando o
transito e encontrou o pinoquinho
e puxou seu nariz, e o quarda de
o pinoquinho ao pai, e o pinoquinho
falou .
– Socorro, Socorro, e o
quarda prendeu o pai e ele
pinoquinho ficou fazendo
gagalhada, e rindo, O pai dele
ficou, ficou na cadeia, e depois
o soutou, ficou velhinho, Quan
do chegou en casa o Pinoquinho
disse .
– Não me Pati pai eu peso des-
cupa, agora indiante vou
ficar obidiente, vou estudar
fazer de tudo .

  Quando chegou na
escola, o Paulinho disse :
– Pinoquinho vamos ao um
país cheio de brinquedo .
  Pinoquinho falou .
– Não posso eu prometi
para meu pai que não vou
taria tarde de mais . Paulinho
disse x – Vamos, ele aceitou
e foi quando chegou lá
apareceu aquele homem falou
– Oba eu vou vender você
para o homem do comer-
cial. Vendeu, o comercial

não queria mais deu
para um homem, ele
Pinoquinho fugiu e
foi para casa .

4. – **Paulo, 4ª série**

Texto = sobre o tiatro
   A minha tia Katia falou:
   – Vamos fazer um teatro, nos fala
mos:
   Vamos professora, fazer o tiatro ,
Vamos .
   – Nos estavamos apresentando, para
nos apresentar no dia .
   Ficamos apresentando na sala, foi
a maior bagunça .
   A professora só falava com Diego e o Março, O Morlean era outro, mais o Jefer
som, eles eram o mais baguncento da sala.
   Ficamos apresentando na sala derrepe-
nte, ficamos todos queto e a professora fal-
ou :
   – Vamos aprensentar lá em baixo ,
vamos todos para lá .
   Chegou tudo correndo .
   A professora falou :
   – Mas qui verconha olha a bagun-
ça que vocês estão fazendo, nós falamos :
   – A professora manda este dois guri par-
ar de conversar.
   Ela falou :
   – Vamos, vamos fazer o teatro, o
Diego e o outro Lucas, que eu não contei
no começo, ele ficava bagunçando também

Começando apresentar, vamos .
Chegou a minha hora de falar:
– Você tem pai, mãe, porque fugiu .
Eu falei assim:
– Professora eu só vou falar uma fala
Sim .

Na hora da apresentação eu faltei :
Porque estava estudando para prova .
Ela falou :
– Porque você não veio .
Se não minha mãe ia ficar mais eu
até 3 horas, eu estudando e ela achistindo .
Vi hoje dia 03 de dezembro, chegamos
aqui .
Entramos dentro da sala, Eu não
tia findo, mas eu fiço o dever, o Marcio
não queria, mas eu produzi .

Este texto
é para
Magda

A análise dos quatro textos de Paulo sugere que "as rupturas (ou fronteiras entre episódios da narrativa) são cada vez mais pontuadas", à medida que avança o processo de escolarização.

Vejamos. O texto (1), apesar da extensão, está organizado em apenas três blocos de frases ("pedaços" de texto que contêm ao menos duas frases, não separadas por um ponto), apontando para uma busca inicial de alguma forma de segmentação do discurso e de seu fechamento. O uso da pontuação é, ainda, tímido. Os dois pontos intratextuais separam fases do texto, partes da narrativa ou conteúdos temáticos relativamente heterogêneos: o homem, a mulher e o serviço de garçom (situação inicial)[10], uso de um ponto; a polícia e a perseguição (complicação e ações), uso de outro ponto; a fuga e o final feliz (resolução e situação final). O ponto final assinala o fechamento do texto. Temos, portanto, pontos situados nos lugares de duas rupturas importantes, indicando que as pausas parecem atender mais à necessidade de partição do discurso do que a critérios de ordem sintática.

Quase um ano depois, Paulo produz o texto (2), que ainda apresenta o uso da estratégia de formação de blocos de frases, mas é bem mais recortado por meio do sistema de pontuação. Nesse sentido, o processo dessa criança evidencia, por um lado, a ampliação na freqüência das marcas de pontuação e, por outro lado, a ampliação na freqüência dos blocos de frases. O número de pontos intratextuais utilizados sobe para seis e, como no texto anterior, eles delimitam as rupturas da trama textual. O texto é um relato de um sonho, um desejo; a explicitação desse desejo delimita a "orientação, o estado inicial" a partir do qual se desencadeia a narrativa. O primeiro ponto aparece logo após essa delimitação. Essa proposição, que resume o tema do relato, é repetida no segundo parágrafo, que também termina com um ponto. A seguir, encontramos um bloco de frases em que aparece um detonador das ações (o sonho) e a descrição de algumas dessas ações – é a "fase das ações", parte constitutiva da estrutura narrativa. Embora essa fase não esteja encerrada, há, nesse local, uma ruptura na trama textual, assinalada pelo

---

[10] Os estudos estruturais do discurso narrativo proporcionaram uma contribuição importante para o entendimento da natureza da narrativa. Neles procurou-se descrever a estrutura global da narrativa, em termos de padrões prototípicos, como, por exemplo, orientação (ou estado inicial), complicação (ou ações), avaliação, resolução e coda (LABOV e WALETSKY, 1967). No entanto, para a perspectiva sociointeracionista do processo de desenvolvimento, o conhecimento da estrutura do discurso narrativo tem-se revelado insuficiente, sendo sugerida a introdução de novos aspectos lingüísticos, discursivos e cognitivos antes não considerados. Desta forma, esta última perspectiva, ao mesmo tempo que engloba, redimensiona a contribuição da análise estrutural.

discurso direto (– *Eu falei com o cavalo chita vamos para ali*). Na seqüência, vem outro bloco de frases, descrevendo as ações. O bloco seguinte, iniciado por *Aí*, parece inaugurar uma fase nova no relato – o "resultado" –, permitindo, de certa forma, que ele se encerre. Esse bloco encontra-se separado do "estado final", ou coda, em que Paulo, ao mesmo tempo em que lexicaliza o seu retorno à perspectiva do *aqui e agora*, rompendo, assim, com o desenvolvimento dos inter-acontecimentos (*Aí eu acabei a história*), volta ao mundo relatado oferecendo uma *lembrancinha* para o *seu cavalo*.

Desse modo, a comparação dos textos (1) e (2) indica que, além das rupturas serem mais pontuadas no segundo ano de escolarização, são também mais pontuadas que outras passagens, que marcam a continuidade de estados ou ações (por exemplo, *Nos paramos e eu descanssei o cavalo deitou e dormiu*).

Importante, ainda, é ressaltar que cada um dos cinco blocos de frases, terminado por um ponto, representa um parágrafo formalmente assinalado (recuo na linha + letra maiúscula). Há, igualmente, uma tentativa de indicar o discurso direto (parágrafo + travessão), tentativa essa que é frustrada, do ponto de vista formal, mas que testemunha os ensaios que a criança faz ao interagir com esse subsistema da escrita. Todo esse conjunto de elementos fornece uma clara idéia do esforço da criança em estruturar um material em função de um interlocutor e de uma situação de enunciação. Estas características marcam o segundo ano escolar como um momento importante na ampliação do sistema de pontuação, bem como na sua normalização.

O texto (3) reafirma as considerações anteriores no que concerne à relação entre, de um lado, a expansão textual e a ampliação na freqüência das marcas e, de outro lado, o processo de escolarização. Cresce, neste texto, o número de pontos interfrásticos (9) e o número de blocos de frases (10). Há, ainda, a diversificação das marcas, com o aparecimento de dois pontos, travessões e vírgulas. O número de blocos de frases é, mais uma vez, coincidente com o número de parágrafos, fato que ilustra que esses últimos somam-se aos pontos para marcar os lugares de rupturas importantes no texto.

Assim, as mesmas observações a respeito da pontuação, situada nos locais de maiores rupturas do texto, são válidas aqui, sendo, portanto, desnecessário insistir na análise. Por isso, passarei aos aspectos inéditos apresentados nessa produção.

Se olharmos o contexto de aparição dos pontos, render-nos-emos à evidência de que eles se situam, com raras exceções, no final das frases (simples ou complexas). Isso leva a pensar que a criança teria sido movida por critérios sintáticos. Se assim fosse, todas as frases teriam um ponto em seu final, o que não é confirmado pelo *corpus*. Pelo contrário: a frase tem um ponto se se encontra em um local de ruptura do texto, e não tem quando não há ruptura. Aqui, mais uma vez, fica evidenciado que o ponto não é colocado em função de critérios sintáticos (delimitação da unidade frase), mas em função da estrutura do conteúdo. As partes dos textos parecem corresponder a momentos de ruptura na atividade de linguagem no nível do planejamento e da gestão do texto. Schneuwly (1988, p. 82) imagina esse procedimento como

> um processo em anéis: sob o domínio de um objetivo geral [narrar uma história, por ex.], o aluno instancia uma primeira etapa e escreve, instancia uma segunda etapa e escreve, etc., com um mínimo de planejamento global e de tomada em consideração do texto já escrito. Pode-se dizer que a gestão do texto é essencialmente cognitiva, definida pelo conteúdo do texto pré-estruturado na memória. O *ponto aparece, desse modo, como o traço de rupturas do processo de produção textual.* (grifos do autor)

Desse modo, encontram-se aqui delineadas duas formas de determinação para a utilização do ponto: por um lado, a forma frástica, dependente de operações de referenciação e de operações de conexão; de outro lado, as operações de planejamento, indicando que mudanças importantes no nível do conteúdo aumentam a probabilidade de utilização de pontos.

Nesse contexto, o aparecimento dos dois pontos é um outro aspecto a ser analisado. Note-se que Paulo sinaliza o discurso direto, por três vezes, com o ponto interfrástico (+ parágrafo, travessão, letra maiúscula). Em uma passagem, no entanto, aparecem os dois pontos, acompanhados dos outros elementos indicadores da fala do personagem. O mesmo discurso direto, em outra passagem, não é assinalado por qualquer ponto (mas conserva os outros elementos indicadores da fala). Por fim, na última passagem, vem acompanhado de um traço separador, do travessão e da letra maiúscula, tudo isso na mesma linha (*Paulinho disse* x - *Vamos*). Essas diferentes tentativas, ao mesmo tempo em que corroboram a hipótese da pontuação indicativa de rupturas na trama textual, apontam para um processo de busca, dentro do subsistema, das melhores marcas para indicar os diferentes graus de rupturas.

É precisamente nesse quadro que se inscreve o uso (insistente!) da vírgula neste texto. Para analisar seu papel é necessário distinguir o contexto de sua aparição. A grande maioria das vírgulas usadas por Paulo nesse texto situa-se em lugares em que se poderia esperar um ponto. É o que Schneuwly (1988, p. 86) chama de "vírgula interfrástica". Vejamos:

> E depois o soutou, ficou velhinho, Quando chegou em casa o Pinoquinho disse .
> - Não me Pati pai eu peso descupa, agora indiante vou ficar obidiente, vou estudar fazer tudo .
> [...] Vendeu, o comercial não queria mais deu para um homem, ele o Pinoquinho fugiu e foi para casa .

Como interpretar esse uso consorciado do ponto e da vírgula? Tudo indica que, nesse nível de desenvolvimento, a criança elabora uma oposição para o funcionamento do sistema de pontuação: ruptura forte/ruptura fraca. Naqueles locais onde não há uma ruptura forte no nível do conteúdo, "a unidade frase representa uma unidade textual com ruptura fraca e é separada do que vem em seguida por uma vírgula interfrástica." (SCHNEUWLY, 1988, p. 87). Dessa forma, a criança diversifica as marcas, tendo em vista diferentes graus de ligação entre os acontecimentos narrados.

Nesse mesmo contexto, o uso da vírgula aparece, ainda, associado ao conector *e*, o que faz supor uma nuança nesse processo:

> e encontrou o pinoquinho e puxou seu nariz, e o guarda de o pinoquinho ao pai, e o pinoquinho falou.

Trata-se, ainda, de uma vírgula interfrástica, mas, aqui, Paulo parece indeciso entre o uso da vírgula, que marcaria uma ruptura, e o uso do conector que ligaria as ações mencionadas.

Há evidências de uma complexificação do sistema na medida em que aparece a necessidade de segmentação no interior da unidade textual *frase*, dando início a uma nova oposição: frase/proposição. Desse modo, "a dupla pontos/vírgula se coloca a serviço da organização frástica do texto, em relação evidente com os organizadores textuais (empacotamento aditivo e integrativo): o ponto separa as frases, a vírgula intrafrástica separa as proposições" (SCHNEUWLY, 1988, p. 87).

> Quando chegou na escola, o Pinoquinho disse:

Nessa passagem, a vírgula situa-se no interior da frase e a decompõe em proposições com um novo predicativo, evidência de um processo de planejamento que incorpora novas relações hierárquicas entre as ações, para além da oposição ruptura forte/ruptura fraca.

Há, ainda, outro uso intrafrástico da vírgula: aquele que separa os elementos de uma enumeração:

> O pinoquio mecheu o nariz, a boca, a perna

O texto (4) caracteriza-se por uma sensível diminuição no número dos blocos de frases. Da mesma forma, cresce a freqüência e se amplia a variedade das marcas. A oposição ruptura forte/ruptura fraca, marcada respectivamente pelo ponto e pela vírgula, continua presente.

A vírgula aparece em um novo contexto, diferente dos anteriores. Trata-se, na perspectiva de Schneuwly, da vírgula intraproposicional, que separa complementos circunstanciais, aposições, comentários, etc., que não têm uma forma proposicional:

> - Vamos, vamos fazer o teatro, o Diego e o outro Lucas, <u>que eu não contei no começo</u>, ele ficava bagunçando também

A utilização dos parágrafos aparece aqui bastante consolidada, correspondendo à função definida nas diversas análises teóricas, ou seja, vinculada à idéia de unidade de informação, muito provavelmente por se tratar de um relato que prioriza o discurso direto. Os diálogos são, assim, em sua maioria, representados com dois pontos, alínea, travessão, letra maiúscula.

De resto, no que concerne aos usos do sistema de pontuação, notadamente do ponto interfrástico, vê-se que há uma aproximação significativa com a forma de escrever do adulto, o que induz à constatação da preponderância dos aspectos sintáticos. Ao se analisar um texto nessas condições, corre-se o risco de se ver reforçada a idéia de que a aprendizagem do sistema é meramente direcionada por critérios sintáticos. Só uma análise do processo pode elucidar alguns aspectos que aí ficam subsumidos. Isso significa, sem dúvida, um maior domínio dos usos canônicos do sistema de pontuação, mas significa, igualmente, a existência de fenômenos ainda pouco estudados, especialmente os relacionados com uma teoria da enunciação.

A convivência, por exemplo, da subpontuação e da utilização dos parágrafos[11] é um indicador de que a aparição do

---

[11] Embora nesse texto de Paulo essa convivência seja quase insignificante, outros textos, e não apenas dessa criança, apontam para essa especificidade.

ponto nas rupturas fortes do texto não é, simplesmente, o resultado de uma marcação de partes do texto, mas, sobretudo, o efeito de um processo de planejamento. Dividir o texto por meio de parágrafos indica a existência de "um controle continuado da escrita, não mais somente no nível do encadeamento dos enunciados, mas também no nível de uma estruturação mais global, que permite marcar partes de texto por unidades particulares" (SCHNEUWLY, 1988, p. 85). A utilização do parágrafo deixa de ser *estruturada* pelo desenvolvimento da produção do texto, tornando-se *estruturante*, dando uma forma ao texto, marcando as fases do texto. Nesse novo funcionamento, operações de "planejamento" e de "conexão/segmentação" integram um novo nível de planejamento, marcado pelo desaparecimento da dependência direta da pontuação forte e pelo funcionamento dos organizadores textuais para a constituição de unidades textuais do tamanho da frase por processos de coordenação e subordinação.

Em síntese

A análise revelou que as marcas de pontuação exprimem o esforço do enunciador em adequar o discurso escrito para o outro/leitor. Nesse esforço, são assinaladas, por um lado, as diversas vozes que compõem o texto e, por outro lado, o grau de ligação entre os acontecimentos. O impacto do grau de ligação é muito importante e, sobretudo, muito precoce: desde a 1ª série a criança utiliza o ponto (final e interfrástico). Trata-se ainda de um emprego solitário, marcado pela ausência de uma oposição, que outra marca poderia proporcionar. Assim, a preponderância deste tipo de marca nesta série, em alguma medida relacionada com o parágrafo, tem como função assinalar uma ruptura inter-acontecimento entre dois enunciados sucessivos.

A partir da 2ª série, o paradigma se diversifica muito, notadamente pela ampliação na freqüência das marcas e pelo aparecimento da tentativa de assinalar o discurso direto.

A 3ª e 4ª série mostram como, gradativamente, esse sistema se expande e se normaliza. Aparecem a vírgula, os dois pontos, o travessão. Isso significa a introdução de um sistema de oposições que parece corresponder ao desenvolvimento de capacidades crescentes para hierarquizar a importância (relativa) de informações no seio de um texto e os usos se aproximam da forma do adulto escrever. Desse modo, a análise do período como um todo revela que a linha evolutiva segue rumo à diversificação e normalização das marcas. Isto, porém, não significa que o processo esteja concluído. É interessante salientar como, especialmente na 4ª série, cresce o uso dos sinais indicadores de diferentes formas de enunciação, em especial os dois pontos. Isto, sem dúvida, reflete formas mais elaboradas de planejamento e evidencia, na superfície textual, as intenções enunciativas do sujeito. O autor assume um ponto de vista enunciativo e é capaz de orquestrar as diferentes vozes no interior do texto. Por outro lado, a interrogação, a exclamação, as aspas, que enriqueceriam essas formas de enunciação, e o ponto-e-vírgula, que poderia marcar uma nova oposição, são os grandes ausentes no processo de Paulo, o que evidencia o percurso ainda a ser trilhado.

Vejamos como Schneuwly (1988, p. 83) explica este processo. Seus resultados o levam a concluir que: (i) os alunos de 10 anos (da 4ª série, no sistema de ensino suíço) pontuam seus textos tendo por base, preponderantemente, as operações de planejamento (rupturas, passagens de uma parte do texto a outra aumentam fortemente a probabilidade de utilização dos pontos), em detrimento das operações de referenciação e conexão, relacionadas com a forma frástica; (ii) nos alunos de 12 e 14 anos (6ª e 8ª séries, no sistema suíço), os dois fatores parecem ter um papel importante e independente um do outro; (iii) nos adultos, finalmente, não há mais distinção possível entre operações de planejamento e de segmentação, no que diz respeito à utilização dos pontos.

O autor atribui essas mudanças a transformações nas operações de planejamento e de textualização e, conseqüentemente, em suas relações. Essa transformação é definida como "autonomização de níveis", já que, por um lado, "o planejamento torna-se menos dependente da pré--estruturação cognitiva (macroestrutura), tornando-se mais planejamento superestrutural, articulado, por intermédio de modelos de linguagem, ao objetivo e ao destinatário" e, por outro lado, "a textualização, e mais particularmente as operações de conexão e de segmentação, seguem sua própria lógica: formação de unidades textuais do tamanho da proposição, da frase, da alínea, etc., traduzindo assim, em outro nível autônomo, escolhas feitas no nível das operações de referenciação e de gestão textual". Nesse nível, o controle da atividade é essencialmente interior, dada a ausência de efeito imediato sobre a situação, o que permite ao autor supor que essa autonomização é, ao mesmo tempo, efeito e pressuposto de um funcionamento monogerido.

Esta análise, como vimos, confirma a linha evolutiva sugerida por Schneuwly. Este autor, no entanto, vincula evolução e níveis de idade, o que não me parece completamente adequado. Aspectos que encontrei em minha análise (feita, lembro o leitor, com crianças entre 7 e 10 anos) – tais como o aparecimento da vírgula, o uso dos dois pontos indicadores do discurso direto, a consolidação do parágrafo e a ampliação de outras marcas, como o travessão – sugerem já a existência do processo de autonomização das operações de planejamento descrito pelo autor. Penso que esse processo pode ser explicado muito mais em termos de experiências de letramento: as práticas sociais de leitura e escrita nas quais a criança está envolvida, necessariamente, se fazem presentes na apropriação deste conhecimento. O papel da escola, dos conteúdos nela trabalhados, a condução do processo pedagógico pelo(a) professor(a), necessariamente, funcionam como mediadores desta apropriação.

Alguns aspectos podem, ainda, ser ressaltados. Um deles diz respeito ao tipo de texto: especificidades encontradas por Schneuwly no funcionamento dos textos informativos e argumentativos (por ex., o menor número de vírgulas em textos argumentativos) apareceriam, igualmente, nos textos narrativos? A macro-estrutura da narrativa, com seus encadeamentos de ações, proporcionaria uma aceleração no processo de autonomização progressiva de diferentes instâncias de operações de linguagem? Outro aspecto a ser considerado são as especificidades, sempre presentes nos processos individuais, que sugerem significativas diferenças no processo de apropriação.

Em decorrência disso, teríamos implicações de grande porte para o ensino. Os aspectos aqui trabalhados, e tantos outros que não pude desenvolver, me encaminham para duas ordens de observações. Por um lado, no que diz respeito à apropriação pela criança, a pontuação não me parece ser um subsistema a ser adquirido mais tarde, uma vez que, mesmo estando longe de se realizar sob as formas canônicas, ela se faz presente desde as primeiras tentativas de escrita; e, ainda mais que isso, desde as primeiras realizações textuais, função sintagmática, função polifônica e função textual[12] se interpenetram. Por outro lado, essas constatações sugerem o quanto é infundada a prática de intervenção pedagógica no nível de frases, uma vez que só o trabalho com o texto, como um todo, proporcionará maiores chances de a criança perceber diferentes posicionamentos enunciativos, motivando, assim, a pontuação precoce.

---

[12] Funções relativas, respectivamente, à organização sintática das frases/orações; à sinalização das vozes dos diferentes locutores, nos diálogos em discurso direto; à organização textual.

Referências bibliográficas

BAKHTIN, M. (V. N. Volochinov). *Marxismo e Filosofia da Linguagem.* 5.ed. São Paulo: Hucitec, 1990. (original de 1929).

_____. *Estética da criação verbal.* 1 ed. Trad. do francês de Maria Ermantina Galvão Gomes Pereira. São Paulo: Martins Fontes, 1992. (original de 1979).

BARTHES, R. Introduction à l'analyse scructural des récits. In: BARTHES, R. et al. *Poétique du récit.* Paris: Seuil, 1977. p.7-57. (original de 1966).

BRONCKART J.-P. et al. *Le functionnement des discours: Um modèle psychologique et un méthode d'analyse.* Paris: Delachaux & Niestlé, 1985.

_____. Activité langagière, textes et discours: pour un interactionisme socio-discursif. Paris: Delachaux & Niestlé, 1996.

CARDOSO, C. J. *Da oralidade à escrita: o processo de construção da narrativa no contexto escolar.* Brasília: COMPED/INEP; Cuiabá: EdUMT, 2000.

_____. *A socioconstrução do texto escrito: uma perspectiva longitudinal.* Belo Horizonte: FaE/UFMG, 2000 (Tese de Doutorado).

CATACH, N. La pontuaction. *Langue Française.* Paris: Larousse, n.45, p. 16-27, février 1980.

_____. Présentation. *Langue Française.* Paris: Larousse, n. 45, p. 3-7, février 1980.

_____. La ponctuation et l'acquisição de la langue écrit. Norme, système et stratégies. *Pratiques.* n. 70, p. 49-59, 1991.

CHACON, L. A pontuação e a demarcação de aspectos rítmicos da linguagem. *D.E.L.T.A.* São Paulo: EDUC, v. 13, n.1, p. 1-16, 1997.

FAYOL, M. *Lé récit et sa construction: une approche de psychocolgie cognitive.* Paris: Delachaux & Niestlé, 1985.

_____. *Des idées au texte. Psychologie cognitive de la production verbale, orale et écrite.* Paris: PUF, 1997.

FAYOL, M., LAMAIRE, P. Une étude expérimentale du functionnement distinctif de la virgule dans des phrases. Perspective génétique. *Études de Linguistique Appliquée.* n. 73, p.71-80, Janvier-Mars1988.

FAYOL, M., GAONAC'H D., MOUCHON, S. Connecteurs et pontuaction: comparaison production-compréhension. In: REUTER, Y.

(org.). *Les Interactions Lecture-Écriture*. 2 éd. Paris: Peter Lang, 1998. (1ʳᵉ éd. de 1994).

FERRIRO, E. Os limites do discurso: pontuação e organização textual. In: FERREIRO, E; PONTECORVO, C.; MORREIRA, N.; HIDALGO, I. *Chapeuzinho Vermelho aprende a escrever – estudos psicolingüísticos comparativos*. São Paulo: Ática, 1996. p.123-156.

KATO, M.A. A busca da coesão e da coerência na escrita infantil. In: KATO, M. (org.). *A concepção da escrita pela criança*. 2. ed., Campinas: Pontes, 1992.

LABOV, W., WALETZKY, J. Narrative analyses: oral versions of personal experience. In: HELM, J. (org.). *Essays on the Verbal and Visual Arts*. Seatle: Washington UP, 1967. p.12-44.

LORENCEAU, A. La ponctuation chez les écrivains d'aujord'hui: résultats d'une enquête. In: *Langue Française*. Paris: Larousse, n.45, p.88-97, février 1980.

ROCHA, I. L. V. Pontuação e formato gráfico do texto: aquisições paralelas. *D.E.L.T.A.* São Paulo: EDUC, vol.12, n.1, p. 1-34, 1996.

SCHNEUWLY, B., BRONCKART, J.-P. *Vygotsky Aujourd'hui*. Paris: Delachaux & Niestlé, Neuchâtel, 1985.

SCHNEUWLY, B. La construction sociale du language écrit chez l'enfant. In: SCHNEUWLY, B. et al. (orgs). *Vygotsky Aujourd'hui*. Paris: Delachaux & Niestlé, Neuchâtel, 1985.

_____. *Le language écrit chez enfant. La production des textes informatifs et argumentatifs*. Paris: Delachaux & Niestlé, 1988.

_____. Genres et types de discours: considérations psychologiques et ontogénétiques. In: Yves REUTER. *Les interactions lecture-écriture*. 2 éd. Paris: Peter Long, 1998.(1ʳᵉ éd. de 1994).

STEYER, V. O sistema formal de apresentação textual: considerações sobre o processo de aquisição. *22ª Reunião Anual da ANPED*. Caxambu, MG, 26-30 set. 1999.

VAN DIJK, T. A., KINTSCH, W. A caminho de um modelo estratégico de processamento do discurso. In: KOCH, I. V. (org.). *Cognição, discurso e interação*. S. Paulo: Contexto, 1992, p.9-35. (original de 1993).

VYGOSTSKY, L. S. *A formação social da mente*. 1. ed. bras. Org. por Michael Cole et al. Trad. José Cipolla Neto et al. São Paulo: Martins Fontes, 1984 (original inglês de1978).

_____. *Pensamento e linguagem*. 1 ed. bras. Trad. Jeferson Luiz Camargo. São Paulo: Martins Fontes, 1987. (original de 1934).

RECEITAS E REGRAS DE JOGO: A CONSTRUÇÃO DE TEXTOS INJUNTIVOS POR CRIANÇAS EM FASE DE ALFABETIZAÇÃO

Maria da Graça Costa Val
Lúcia Fernanda Pinheiro Barros

Este trabalho apresenta os resultados finais de um Projeto de Iniciação Científica (PIBIC/CNPq) que constitui o terceiro desdobramento de uma investigação mais ampla[1], cujo objetivo geral foi compreender como, no processo de aprendizagem da escrita, os sujeitos foram construindo uma teoria sobre o funcionamento e a configuração dos textos escritos. Cada um dos momentos dessa pesquisa tomou como objeto específico um padrão ou espécie[2] de texto: o narrativo, o epistolar e o injuntivo. O injuntivo, discutido neste artigo, diz respeito àquele tipo de texto que se caracteriza por organizar informações e instruções ou ordens com a finalidade de orientar determinado comportamento do interlocutor. Também

---

[1] Dessa pesquisa resultaram, num primeiro momento, a tese de doutoramento da pesquisadora orientadora (*Entre a oralidade e a escrita*: o desenvolvimento da representação de discurso narrativo escrito em crianças em fase de alfabetização. Belo Horizonte: Programa de Pós-graduação em Educação da FAE/UFMG, 1996) e, num segundo momento, outro projeto PIBIC/CNPq, já concluído (*Entre a oralidade e a escrita II*: a construção do discurso epistolar por crianças em fase de alfabetização, concluído em 31/07/1998, com a participação da bolsista *Vanessa Cardoso Guimarães*). O projeto de Iniciação Científica (*Entre a oralidade e a escrita III*), que pesquisou especificamente a construção dos textos injuntivos, teve também a participação da bolsista *Cyntia Gomes Marra*.

[2] Evitamos aqui os termos *tipo* e *gênero*, que serão discutidos adiante.

chamado de *instrucional*, esse tipo de texto se manifesta, por exemplo, nos gêneros *regras de jogo, receitas culinárias, regulamentos, instruções de uso* de máquinas e aparelhos eletrodomésticos, entre outros.

Fundamentos teóricos e metodológicos

Como bem afirma o Professor Ataliba de Castilho, em palestra proferida no *"CEALE Debate"* de 29/03/1994, antes de qualquer coisa é necessário que professores e pesquisadores revelem as concepções e o quadro teórico com que estão trabalhando. Declaramos aqui, portanto, as nossas convicções. Neste artigo, adotam-se as postulações teóricas de Bakhtin e Vygotsky, e concebe-se: (I) a língua como uma sistematização constituída na/para a interação ("o fenômeno social da interação verbal", cf. BAKHTIN, 1929/1989[3]) e integrada pelos subsistemas gramatical, semântico e discursivo; (II) a cognição humana como um processo de construção subjetiva socialmente mediada; (III) os processos subjetivos de construção de conhecimentos lingüísticos como culturalmente condicionados; e (IV) a atividade interlocutiva como tributária das condições histórico-sociais de sua produção.

Com base nesses pressupostos, assumimos que o domínio da modalidade oral da língua, que significa *a capacidade de interpretar e produzir adequadamente textos falados, no ambiente social cotidiano,* é a base sobre a qual se assenta o processo de construção e desenvolvimento dos conhecimentos necessários à interação verbal mediada pela escrita.

Está implícita aí a pressuposição de que fala e escrita são manifestações diferentes da língua, com diferentes processos de construção e com modos específicos de organização e funcionamento. A especificidade de cada uma dessas modalidades se constitui, a nosso ver, em função das diferentes condições

---

[3] 1929 é a data da primeira edição de *Marxismo e Filosofia da linguagem*; 1989 é a data da publicação brasileira consultada.

em que são produzidas. Essa compreensão não implica, todavia, o reducionismo simplista de uma oposição dicotômica entre oralidade e escrita. Entende-se que fala e escrita se realizam empiricamente na interlocução humana em textos pertencentes a diferentes *gêneros discursivos*, cujas características formais e funcionais se configuram social e historicamente a partir das condições que determinam sua produção. Assim, por um lado admitimos que não se fala como se escreve nem se escreve como se fala, porque fala e escrita acontecem sob condições diferentes (ex.: presença ou ausência física do interlocutor, suporte auditivo/temporal ou visual/espacial); mas, por outro lado, reconhecemos as múltiplas possibilidades de aproximação entre gêneros orais e gêneros escritos, bem como as múltiplas possibilidades de distanciamento entre gêneros de uma mesma modalidade, em função das especificidades das condições de produção e circulação de cada gênero.

Gênero e *tipo* são dois conceitos básicos neste trabalho e, portanto, é importante explicitá-los e discuti-los aqui. A base teórica vem de Bakhtin (1979/1992, p. 277)[4], para quem os "gêneros discursivos" definem certos modos mais usuais de configuração textual: "cada esfera de utilização da língua elabora seus tipos relativamente estáveis de enunciados – os gêneros do discurso". Segundo o autor, os diferentes gêneros se caracterizam por três aspectos: os temas que costumam abordar (e o tratamento mais usual dado a esses temas); a forma de composição (a organização global) mais comum; o "estilo", que diz respeito às escolhas sintáticas e lexicais mais usuais. Ou seja, os textos pertencentes a um determinado gênero teriam em comum, usualmente, a temática, a organização composicional e a preferência por determinados padrões no emprego dos recursos lingüísticos.

Os gêneros discursivos são produtos resultantes de tendências dominantes no processo histórico de constituição

---

[4] 1979 é a data da publicação original, póstuma, de *Estética da criação verbal*. O texto consultado é a edição de 1992 da tradução brasileira.

da língua pelo trabalho dos falantes. Desse modo, os gêneros integram o conhecimento lingüístico dos sujeitos, que os tomam como parâmetro, como ponto de referência, e os reprocessam e reconstituem a cada atividade interlocutiva, posto que não se trata de padrões rígidos e inflexíveis, fôrmas em que o sujeito teria que encaixar seus textos, mas de modelos "relativamente estáveis" que, conjugando determinadas formas a determinadas funções em correspondência a uma práxis e, portanto, a uma expectativa social, orientam tanto a atividade de produção quanto a de interpretação. São exemplos de gêneros discursivos: a notícia, a reportagem, o romance, a novela, o conto, a carta, o e-mail, o bilhete, o aviso, o outdoor, a conversa de botequim, a piada, a fofoca, a aula, a conferência, o sermão religioso, etc.

Criados na práxis lingüística social e recriados a cada processo de interação verbal para responder às necessidades humanas de interlocução, os gêneros discursivos são muito numerosos e se modificam, surgem e desaparecem no curso da história cultural de uma comunidade lingüística. Por isso, embora se reconheça que todo texto empírico é construído com base no modelo de um gênero, pertence a um gênero, parece não ser possível postular uma classificação estável e universal para os gêneros.

No entanto, é possível identificar nos textos de mesmo gênero, ou até de gêneros diferentes, formas regulares de organização lingüística, a que, neste trabalho, vamos chamar de *tipos textuais*. Os tipos são mais estáveis que os gêneros, embora também se modifiquem de acordo com as necessidades culturais, e existem em número limitado. Os estudiosos costumam reconhecer os tipos *narrativo, descritivo, injuntivo, argumentativo, expositivo*, entre outros. Estamos, neste artigo, entendendo *tipo textual* como um conceito que reúne os componentes "forma composicional" e "estilo" do conceito bakhtiniano de gênero, considerando que o *tipo* define tanto um determinado padrão de organização geral do texto (o que van Dijk chama *superestrutura*) como também características lingüísticas do nível léxico-gramatical, como os tempos, modos e aspectos verbais, os articuladores, os recursos anafóricos, etc.

Em um determinado texto pode aparecer mais de um tipo textual, embora geralmente um se faça predominante. Por exemplo, num romance predomina o tipo narrativo, mas também aparecem seqüências descritivas, e nada impede que haja passagens expositivas ou argumentativas. Bronckart (1999), que postula um conceito de "tipo discursivo" mais refinado que o de "tipo textual" aqui adotado[5], afirma que a ocorrência de textos heterogêneos, isto é, compostos por vários tipos de discurso, é até muito mais comum do que a ocorrência de textos homogêneos (considerados raros pelo autor), ou seja, textos que são compostos por um único tipo de discurso. Neste trabalho, focalizando os gêneros *receita* e *regras de jogo*, nos quais costuma predominar o *tipo injuntivo*, estivemos atentas a essas considerações sobre a homogeneidade/heterogeneidade tipológica dos textos analisados.

As crianças

A pesquisa foi feita com 10 alunos de uma escola pública de Belo Horizonte, no ano de 1993. Neste artigo vamos apresentar a análise qualitativa de apenas alguns textos de algumas crianças.

Visando entender a gênese do texto escrito, isto é, os primeiros momentos da construção desse conhecimento, trabalhamos com crianças da 1ª série do Ensino Fundamental que não haviam freqüentado a pré-escola e que, portanto, estavam tendo, naquele ano, sua primeira experiência de aprendizagem sistemática da escrita. No entanto, como viviam numa sociedade letrada, tinham alguma forma de interação com os diversos usos sociais da escrita, o que lhes

---

[5] Bronckart (1999) distingue, sob os rótulos de "tipo discursivo" e "seqüência", elementos que, neste trabalho, estão reunidos no conceito de *tipo textual*.

possibilitava já ter construído alguma representação, ainda que incipiente, quanto à natureza e ao funcionamento dos textos escritos.

Com o objetivo de buscar compreender o processo de construção do conhecimento da escrita onde ele se mostra mais problemático, em razão de muitos fatores adversos, optamos por trabalhar com alunos de um estabelecimento da rede pública de ensino. Escolhemos crianças moradoras de uma favela que fica em frente à escola e pertencentes aos setores subproletários da população urbana – moram em barracos muito pobres, em condições insalubres, à beira de um córrego que serve de esgoto à favela; a maioria é filha de trabalhadores da construção civil e empregadas domésticas, analfabetos ou com pouco tempo de escolaridade.

Tais condições de vida determinaram o processo de socialização primária dos sujeitos da pesquisa, as práticas culturais com as quais interagiam, suas restritas possibilidades de acesso aos bens culturais legitimados, como o livro, a revista, o jornal, que veiculam a escrita de prestígio social. Tudo isso certamente constituiu fator decisivo na sua trajetória escolar: chegaram ao final do primeiro ano letivo sem terem integralizado o processo de alfabetização – não *aprenderam a ler e a escrever.*

A COLETA DE DADOS

Se as crianças não liam nem escreviam, como foi possível ter acesso à sua concepção de texto escrito? O acesso a esse "objeto escondido", como disse Saussure, se fez através da estratégia de gravar em áudio situações de entrevista em que as crianças ou *faziam de conta* que estavam lendo ou ditavam textos para a pesquisadora registrar por escrito.

Além das entrevistas, foi feito o acompanhamento do processo de iniciação à escrita dessas crianças, através da observação e gravação de aulas, da coleta e análise de material didático e de entrevistas e conversas informais com a professora. Isso levou à constatação de que, na escola, eram insuficientes as oportunidades oferecidas aos alunos de convivência com textos escritos legítimos, com efetivas possibilidades de circulação social. Daí, considerou-se pertinente e produtivo, para os objetivos da investigação, adotar uma metodologia *participante*, através da realização, a partir de agosto, de uma série de *atividades de intervenção* que possibilitaram às crianças interagir de forma orientada com os tipos textuais que foram objeto da pesquisa.

Para o trabalho com os textos injuntivos, foram tomados como ponto de partida duas atividades realizadas com os alunos pela professora da turma no primeiro semestre letivo: nas aulas de Estudos Sociais, a discussão de um estatuto contendo os *direitos e deveres dos alunos* daquela escola; nas aulas de Ciências, o estudo da utilidade das plantas, que levou as crianças a uma exposição entusiasmada de seus conhecimentos sobre remédios caseiros. Em função disso, no segundo semestre, foram desenvolvidas, como atividade de intervenção, duas redações coletivas: a) a de um regulamento especial para a turma; b) a de regras de jogos e brincadeiras realizados com as crianças.

Foram feitas duas entrevistas de coleta de dados, uma no final do primeiro semestre e outra no final do ano letivo, propondo-se, em ambas, tanto a *leitura* como a produção de textos injuntivos. Para a *leitura*, foram apresentados às crianças folhetos instrutivos (receitas culinárias, receita de soro caseiro) e textos de regras de jogos e brincadeiras, e lhes foi pedido que *fizessem de conta* que estavam lendo, a partir da observação das ilustrações presentes nos textos. Para a produção, foram criadas situações interlocutivas que justificavam pedir aos sujeitos a composição de textos desse tipo. Sob a alegação de que seriam organizados um livro de brincadeiras e um caderno de receitas de remédios caseiros, as crianças foram desafiadas a: a) explicar os jogos que conheciam, de modo que outra criança pudesse aprender o que elas ensinavam apenas ouvindo seu texto, sem enxergar seus gestos; b) ensinar como se preparava uma determinada receita de remédio caseiro, para que alguém que eventualmente adoecesse pudesse, de fato, preparar o remédio a partir de seus ensinamentos. Tudo que as crianças falavam era gravado em áudio e depois transcrito e lido para cada autor, que deveria avaliar e reformular seus textos (caso julgasse necessário) para que funcionassem adequadamente como produções escritas.

ANÁLISE: DO PRODUTO PARA O PROCESSO

Esta pesquisa se situa no que Castilho (1990, p. 106) chama de "pólo da enunciação": foram analisados não apenas os *produtos* – os textos produzidos pelas crianças quando *liam* ou ditavam para a pesquisadora –, mas também os *processos enunciativos* que as crianças desenvolveram nas atividades que lhes foram propostas nas entrevistas. Como o acesso aos dados fez-se através da estratégia de gravação em áudio dos processos enunciativos, tivemos nas mãos, para analisar, não apenas os produtos, mas todo o trabalho de elaboração desses produtos.

Nossa análise, então, apenas partiu da materialidade verbal dos textos, examinando sua "seleção e organização temática", sua "forma composicional" e seu "estilo" (cf. BAKHTIN, 1979/1992), e se empenhou em relacionar esses componentes com as condições em que foram produzidos, a fim de compreender o processo de produção. Assim, buscamos identificar elementos que apontassem para a realização de textos injuntivos que pudessem ter funcionamento comunicativo efetivo, se fossem escritos, correlacionando a forma do produto às circunstâncias em que foi elaborado.

Além disso, procuramos parâmetros de comparação para a avaliação dos textos das crianças, analisando outros textos com o mesmo olhar. Foram também examinados: os próprios impressos que as crianças *faziam de conta* que liam;

uma receita de sopa desidratada de pacote, inscrita na embalagem do produto; textos de regras de jogo produzidos por adultos em condições similares às das entrevistas feitas com as crianças.

A análise dos dados autoriza a afirmação geral de que as crianças entrevistadas tinham conhecimento do tipo injuntivo e revelaram esse conhecimento quando produziram textos tanto do gênero *receita* quanto do gênero *regras de jogo*. Esse tipo de texto está presente no cotidiano das crianças, em receitas caseiras de alimentos e remédios e nas instruções partilhadas de jogos e brincadeiras, enquanto "gêneros primários" (cf. BAKHTIN, 1979/1992)[6], em sua modalidade falada. Assim, em função das práticas culturais que vivenciavam, as crianças em geral produziram textos: (i) cujas informações se mostravam ordenadas de acordo com o processo que descreviam ou sobre o qual teciam instruções; (ii) que quase sempre se caracterizavam pela incompletude e implicitação freqüentes na interlocução face a face; (iii) nos quais se observou o emprego de recursos lingüísticos pertinentes para a modalidade oral.

As dificuldades apareceram quando se insistia na condição de que os textos fossem pensados como escritos, como se verá a seguir.

*Chá, sopa e soro: a produção
de textos do gênero* receita

RECEITAS DITADAS

A tarefa de ditar receitas de remédios caseiros foi resolvida com facilidade pelos sujeitos. Antes da entrevista, eles foram

---

[6] Bakhtin (1979/1992) distingue *gêneros primários* de *gêneros secundários*. Os primeiros são os gêneros, falados ou escritos, que circulam nos ambientes da vida privada cotidiana; os segundos são os que circulam nas esferas públicas da vida social, tanto escritos como falados.

avisados de que a pesquisadora estava montando um caderno de receitas medicinais caseiras e que deveriam procurar aprender com as pessoas da família alguma receita que pudesse ser incluída no caderno. Assim, com conhecimento prévio do tema e do gênero, as crianças, em geral, ditaram, com fluência, textos completos, ordenados, com especificação dos ingredientes e do modo de fazer, correspondendo, pois, com freqüência, à "forma composicional" prevista. Quanto ao "estilo", os textos apresentam-se, em geral, no dialeto coloquial não-padrão e trazem verbos na modalidade imperativa (o imperativo não-padrão do dialeto coloquial mineiro, ou o infinitivo com valor de imperativo, ou locuções com verbos modais auxiliares, como *ter que*). O conhecimento do tema facilitou o processo de nomeação de ingredientes, instrumentos e procedimentos, de modo que foi baixa, nesses casos, a ocorrência de palavras *coringa* e de termos imprecisos. Um exemplo de texto com essas características é o que se segue, produzido por Daniela (7 anos):

> cê pega a laranja...
> depois cê abre ela...
> depois cê pega ela/... a semente dela...
> cê pega ela...
> torce bem torcida...
> e aí cê deixa ela azedar o caldo dela...
> e depois cê::/
> no dia que::... que já tá bem azedado...
> você pega ela e põe pra ferver...
> você põe duas colher de pouco de açúcar...
> e aí cê pega... cê toma...
> é bom pra tosse...
> é bom pra gripe...

Essa transcrição[7] procura preservar as marcas do processo de elaboração do texto, produzido oralmente, ainda que

---

[7] As normas de transcrição adotadas neste trabalho são as propostas em Castilho e Preti (1987, p. 9).

para ser escrito: autocorreção (*depois cê pega ela/... a semente dela*); hesitação (*no dia que::...*); falso começo (*e depois cê::...*).

O modo de fazer o chá é descrito/ensinado do início (*cê pega a laranja*) ao fim (*cê toma*), ordenadamente. Os ingredientes vão sendo apontados à medida que vai sendo mostrado o modo de fazer, e a indicação (*bom pra tosse, bom pra gripe*) é apresentada no final, espontaneamente, pela criança. A variedade lingüística usada é um dialeto mineiro urbano coloquial, usual na conversa cotidiana: redução do pronome de 2ª pessoa à forma *cê*, pronomes do caso reto em função de objeto direto (*abre ela, pega ela, deixa ela*), expressões adverbiais como (*torce*) *bem torcida* e marcadores temporais como *no dia que*. Com essas características, o texto se mostra fluente e capaz de cumprir seu objetivo, que é ensinar alguém a fazer chá de laranja.

O interlocutor-modelo previsto por esse texto, no entanto, deve ser alguém com capacidade de inferência e com conhecimentos partilhados com a autora, para, por exemplo, concluir que deve pegar as sementes da laranja para jogar fora.

Nesse e noutros textos das crianças, manifesta-se a tendência de não explicitar informações consideradas conhecidas ou facilmente inferíveis pelo interlocutor. O mesmo tipo de implicitação de informação aparece num texto de receita de circulação pública: as instruções de preparo de uma sopa desidratada de pacote, que vêm no verso da embalagem, ao lado do desenho de uma panela no fogo.

> É fácil de preparar!
> Dissolva o conteúdo deste envelope em meio litro de água fria.
> Mexa até iniciar a fervura.
> Abaixe o fogo, cozinhe por cerca de 10 minutos, em fogo baixo, mexendo de vez em quando.

É curioso observar como o produtor dessas instruções se exime de dizer que é preciso colocar no fogo a sopa dissolvida em água fria, como se delegasse à ilustração o fornecimento dessa informação, óbvia, que constitui etapa essencial do processo de cozimento.

Assim, aquilo que se poderia considerar uma falha na concepção de texto escrito das crianças, aprendizes iniciantes, parece ser freqüente até mesmo no texto de adultos proficientes e se explica pela natureza interativa da escrita, em que o produtor se orienta pela imagem mental que faz dos conhecimentos de seu interlocutor e, buscando informatividade, deixa de explicitar aquilo que lhe parece já sabido ou facilmente inferível.

RECEITAS *LIDAS*

As receitas foram *lidas* em dois tipos de suporte: na primeira entrevista, em livros ilustrados de receitas culinárias; na segunda entrevista, num folheto da Campanha do Soro Caseiro promovida pelo Ministério da Saúde.

Nem todos os sujeitos se dispuseram a *ler* receitas na primeira entrevista, mas aqueles que o fizeram não manifestaram dificuldade com o suporte e com o gênero: sabiam o que é e para que serve um livro de receitas e produziram textos que, embora com configuração característica de textos falados, não fogem ao padrão *receita culinária*. Um exemplo interessante é a "Receita de Carne", de Daniela, que se transcreve a seguir, produzida a partir da ilustração que vem logo abaixo.

> pra fazer a carne assim...
> tem que comprar uma carne comprida...
> aí depois... a carne...
> cê pega ela... lava ela...
> põe ela num lugar assim...
> num negócio comprido...
> numa vasia comprida...
> põe a/... aí depois/...
> ou então põe ela num lugar assim...

cozinha ela...
aí depois põe as coisinha deliciosa em cima dela...
aí depois... eh::... assim... aí depois... aí depois...
isso aqui deve ser alguma coisa
pega ele eh::... faz assim...
pega ele... lava ele... pega assim e::... faz assim...
e depois põe molho de tomate...
aí depois põe molho de tomate...
tem mais não

A transcrição revela o processo de produção, isto é, os problemas detectados e as soluções encontradas por Daniela na interpretação da figura e na formulação de sua receita. Na designação da fôrma refratária em que se assa a carne, a menina vai *tateando* em busca da palavra adequada, indo de uma expressão dêitica (*num lugar assim*), que remete a um elemento presente na ilustração, a um termo vago (*num negócio*

comprido), e daí a um termo específico (*numa "vasia" comprida*). Outra dificuldade surge na compreensão de uma parte da imagem. Daniela, embora não reconhecendo um dos componentes do prato, verbaliza, como que abrindo parênteses, seu raciocínio no sentido de que, se esse componente está presente, deve ser significativo e, então, passa a falar dele, como pode, com pronomes e advérbios dêiticos que a desobrigam da designação e da descrição, e com verbos de sentido genérico para se referir aos procedimentos (*aí depois... – isso aqui deve ser alguma coisa – pega ele eh::... faz assim... pega ele... lava ele... pega assim... e:: faz assim*).

O texto descreve/ensina o processo completo e é ordenado segundo as etapas desse processo (comprar, lavar, pôr numa vasilha, cozinhar, pôr *coisinhas deliciosas* e molho de tomate em cima). Já de início, define o objetivo a que pretende conduzir (*pra fazer a carne assim*) e, a partir daí, instrui sobre o procedimento a seguir (*tem que*; cê *pega*, etc). Apesar de produzido a partir da proposta de *fingir que estava lendo*, o texto tem características de produção falada: é feito numa variedade lingüística não-padrão, coloquial, e é marcado pelo uso de dêiticos, porque a criança usa a figura como apoio contextual imediato: depois de apontar gestualmente seus elementos, ela os considera conhecidos pela interlocutora e passa a se referir a eles como informações dadas (*isso aqui, assim*, etc.).

A menina, de 7 anos, não é uma perita em culinária. Não dominando o tema, faz um texto em que os procedimentos e ingredientes de preparo da carne não são suficientemente especificados de modo a permitir que alguém siga com sucesso essa receita. No entanto, o que interessa a esta pesquisa é perceber que, com o conhecimento que tem, a criança fez um texto que corresponde, no componente temático, na forma composicional e no estilo, àquilo que a práxis social fixou como padrão de receita culinária falada.

O folheto da Campanha do Soro Caseiro, que também foi *lido* pelos sujeitos da pesquisa, estava sendo distribuído num posto de saúde próximo à escola e foi dado à pesquisadora por uma das crianças. Trata-se de um texto que pretende convencer o público da necessidade de dar o soro a toda criança que tenha diarréia e, para tanto, parece buscar garantir, pela repetição, o acesso do leitor às informações sobre como se prepara e se ministra o soro. Sua composição é marcadamente repetitiva: a mesma informação vai sendo parafraseada de maneiras diferentes, com ilustrações diferentes. Essa configuração teve implicações na *leitura* que os sujeitos produziram.

Além da configuração do texto, duas outras condições marcaram a produção da *leitura* pelos sujeitos. Uma delas é o conhecimento do tema pela maioria das crianças, viabilizado com a divulgação da Campanha pela televisão e pelo rádio. A outra é a não familiaridade com o suporte – folheto –, que, em alguns momentos, foi interpretado como livro de história. Assim, algumas crianças, tendo já formulado as instruções sobre o preparo e aplicação do soro e constatando que o folheto ainda não terminara – isto é, ainda havia páginas para *ler* –, passaram ou a narrar/encenar uma história (em que aparecem diferentes vozes) ou a descrever as ilustrações. Essa tendência é exemplificada pelo texto produzido por Juliana, transcrito a seguir.

>pegue... um copo de água limpa...
>coloque... ((silêncio))
>coloque... uma pitada de sal... ((silêncio))
>coloque... açúcra...
>mexa... ((silêncio))
>e prove...
>por causa/... senão... seu filho... ((silêncio))
>senão o seu filho não vai sarar... ((silêncio))
>tome cuidado... a diarréia... é uma doença muito perigosa... ((silêncio))

mas como eu... não... tenho... o soro...
eu não posso... curar... a diarréia... ((silêncio))
hoje eu... vou... chegar em casa... e fazer o soro...
por causa que o meu filho tá passando muito mal... ((silêncio))
eu vou no posto buscar... o soro...
por causa... senão... o meu filho... vai morrer...
eu não posso deixar... de buscar o soro...
tome isso...
por causa que senão... você... vai morrer... ((silêncio))
tome o leite... meu filho...
senão você vai... morrer... se você não tomar...
tome cuidado com a diarréia...

Quanto à forma composicional, observa-se a heterogeneidade tipológica do texto de Juliana. O que corresponde ao tipo injuntivo são as instruções sobre o preparo do soro, dadas nos cinco primeiros enunciados. A partir daí, a menina passa, primeiro, a argumentar sobre a necessidade de dar esse medicamento à criança com diarréia e, em seguida, a dramatizar a história de uma mãe cujo filho está doente. No plano das escolhas léxico-gramaticais, é interessante observar o emprego do imperativo padrão (*pegue, coloque, mexa, prove, tome*), que revela a intuição de Juliana quanto às diferenças lingüísticas entre o texto falado coloquial e o texto escrito público e formal.

Transcreve-se a seguir outro texto (de Daniela), selecionado como um exemplo dos que revelam compreensão da força argumentativa do folheto e a conciliam com a fidelidade ao tipo injuntivo.

a criança tem que ser alimentada...
tratada não na porqueira...
tem que tomar os remédio direito...
e tem que ficar no asseio...
não pode/ tem que tomar água limpa...
quando tiver com desando tem que tomar...

tem que tomar soro para não ficar doente...
eh::... cê pega o soro e coloca no buraquinho/... não...
cê coloca... – deve ser no copo – ...
depois cê põe junto com água...
cê mexe...
cê dá ao bebê...
depois o bebê tem que ficar com os ouvido limpado...
tem que tomar o soro...
tem que tomar o soro com bem/...
bem asseado...
e tem que alimentar direito...
e é isso

Essa transcrição permite que se perceba, no processo de produção, a dificuldade da criança na interpretação de um dos desenhos do folheto e a ação epilingüística de autocorreção, em busca de coerência (*e coloca no buraquinho/ não... cê coloca – deve ser no copo –*).

Sem deixar de reproduzir a força argumentativa que percebe no folheto e na Campanha do Ministério da Saúde, a menina elabora seu texto segundo os padrões usuais do tipo injuntivo, organizando-o em dois tópicos – cuidados com a alimentação e higiene do bebê e preparação/aplicação do soro caseiro –, que são desenvolvidos seqüencialmente e retomados na conclusão. O texto é completo (tem começo, meio e fim), centrado e articulado. Apresenta-se na modalidade imperativa e, mesmo vazado na variedade não-padrão dominada pela criança, revela a intuição da autora quanto ao uso da língua na escrita de circulação pública, na medida em que mostra opções lingüísticas que não coincidem com o que é mais freqüente no uso cotidiano do dialeto materno dela: o emprego da voz passiva, a seleção vocabular do item *alimentada/ alimentar* (*a criança tem que ser alimentada; tem que alimentar direito*) e a regência padrão atribuída ao verbo dar (*cê dá ao bebê*).

Ensinando a jogar: a produção
de textos do gênero "regras de jogo"

REGRAS DE JOGO LIDAS

As condições materiais de vida dos sujeitos não lhes possibilitavam familiaridade com o tipo de suporte usado como objeto de leitura na terceira entrevista: uma caixa de um brinquedo industrializado na qual estavam impressas as instruções sobre a montagem das peças e as regras do jogo. Não fazia parte de sua experiência a prática, freqüente em famílias de classe média, de ter um adulto que, diante de um jogo novo, lê as instruções na caixa ou no folheto e ensina as crianças a jogar. Buscou-se, então, neutralizar o desconhecimento do jogo apresentando-o previamente aos sujeitos e convidando-os a jogar, antes de lhes propor a atividade de *ler* as instruções na caixa.

Nessas condições, os sujeitos acabaram superando as dificuldades de que reclamaram na realização da *leitura* e produziram, em geral, textos fiéis ao tipo injuntivo, relativamente fluentes, nos quais as peças e os procedimentos do jogo são explicitados.

O episódio interlocutivo transcrito a seguir mostra as dificuldades iniciais da menina Marcilene e o modo como, a partir das provocações da entrevistadora, ela vai superando os problemas e revelando sua consciência quanto à forma composicional de um texto injuntivo do gênero *regras de jogo*.

> G – hum:: pode ir falando... como será que começa?
>
> M – a gente põe o macaco assim... a gente põe o macaco em cima
>
> G – oh... isso deve tá escrito aí... então... cumé que põe o macaco em cima
>
> M – cumé que chama aquele negocinho?
>
> G – esse?
>
> M – não... aquele outro... ah::... põe essas peças assim... põe essa... depois põe essa por cima por cima... depois vai... pega

o macaco põe no:: – cumé que chama aquele negocinho que a gente põe? –

G – lançador

M – é... pega o lançador... põe o macaco por cima... faz assim... o macaco vai e::... avoa assim... se avoar no ar... aí a gente vai pegando a lua assim... aí... a gente vai... é::... a gente joga o macaco... se a gente ganha... a gente pega uma::... uma lua... depois... se a gente ganhar mais... a gente pega... aí... depois a gente pega... depois quem ganhar eh::...

G – finge que ocê tá lendo aí... fica olhando pra mim não

M – quem ganhar é::... é o primeiro a jogar... é?

G – num sei... o que que será que tá escrito aqui nessa letrinha verde?... aqui tá ensinando a fazer o quê?

M – põe o negoço... a gente põe o negoço... a gente vai põe aqui e depois a gente vai e joga

G – será que tá escrito aí assim? "a gente vai... põe aqui... depois a gente vai e joga"... não é isso que tá escrito aí... é?

M – ((ri))

G – finge que ocê tá lendo aí... como que ocê acha que tá escrito aí

M – é difícil

G – é... mas ocê já sabe o jogo... agora é só ocê imaginar como que tá escrito aí

M – os menininho num deixava a gente jogar... eu vi eles assim... só essa parte

G – mas imagina se ocê fosse eh::... escrever pra ensinar alguém a jogar... como que ocê ia escrever pra pregar aí... na caixa do brinquedo

M – escrever "pula-macaco" e depois a gente ia escrever a brincadeira

G – e como que é que ia escrever a brincadeira?

M – eh... como que:: que monta... que faz... que brinca

G – pois é... então fala... faz de conta que ocê tá lendo

M – ((ri))... ah tia... num tô sabendo não

G – então... aqui oh... vou ler um pedacinho pra você... "Encaixe o macaquinho na parte de cima do seu lança-macaco."

M – aí... o macaco pula... aí... se acertar... aí... a gente pega uma luinha... ah::... agora esqueci o resto... ah::... tia... esqueci

G – finge que ocê tá lendo aí
M – eu num tô lembrada de nada... eu tô lembrada só dessas parte
G – é aqui que ensina montar a arvore... como que tá escrito aí?... nessas letrinhas aí?...
M – ((simulando uma leitura)) mon-te... a... ar-ve e o::
G – monte a árvore e::
M – e::... eh::... brinque... e brinque

A menina faz movimentos no sentido de nomear as peças (*lançador, lua*), ao mesmo tempo em que recorre ao uso de dêiticos (*essas peças, pegando a lua assim, a gente vai põe aqui*) e de termo genérico (*põe o negoço*), mas ri da própria imprecisão, revelando alguma intuição quanto à explicitude necessária ao funcionamento desse texto. Sua representação desse gênero discursivo se mostra na enumeração dos elementos da forma composicional: o título (*escrever "pula macaco"*), a montagem das peças (*como que monta*) e as regras do jogo (*como que faz... que brinca*). Finalmente, a continuidade que imprime ao trecho lido pela entrevistadora, revela seu conhecimento da necessidade de articulação e coerência estilística do texto (*"encaixe o macaquinho na parte de cima do seu lança-macaco"...* → *aí o macaco pula... aí... se acertar a gente pega uma luinha...* → *monte a árvore... e... brinque*).

Além de Marcilene, nas atividades de *leitura*, possivelmente em função do suporte material (folheto ou caixa de brinquedo, ambos ilustrados), que funciona como elemento contextualizador presente, outros sujeitos tenderam a empregar dêiticos[8] e termos imprecisos, como *negócio*. Entretanto, também como ela, alguns se empenharam em encontrar nomes e expressões que substituíssem esses recursos usuais da língua falada, revelando

---

[8] De maneira geral e simplificada, pode-se dizer que os recursos dêiticos têm a função de situar os elementos do texto com relação às pessoas, ao tempo e ao lugar da interlocução (ex.: pronomes de 1ª e 2ª pessoa, advérbios como *hoje, agora, aqui*, etc.), sendo, por isso, mais freqüentes nos gêneros falados que nos escritos.

intuição quanto às diferenças de forma e função entre textos orais/privados e escritos/públicos desse gênero.

Pode-se exemplificar esse procedimento com duas passagens de textos produzidos por Juliana na terceira entrevista. Na primeira, a produção se faz a partir das ilustrações da caixa do jogo, o texto resultante é *lido* e, portanto, pensado como escrito:

> J – pega o negócio... coloca o macaco... e abaixa lá embaixo e solta
>
> G – pode escrever aqui na caixa assim... pega o negócio?...
>
> J – não
>
> G – não? então como que vai ser?
>
> J – pega o outro macaco... pega o outro negó/... pega o outro negócio... o pula-pula
>
> G – hum... então agora cê já arrumou um nome pro negócio... é pula-pula...
>
> J – lev/abaixa ele lá embaixo e joga de novo... depois... de jogar 9 macaco a gente ganha....
>
> G – será que já explicou tudo do jogo?
>
> J – não
>
> G – que mais que falta explicar então? ((interrupção)) então faz de conta que cê tá lendo o quê que tá escrito aqui... só faz de conta... e vai explicando tudo...
>
> J – tem macaco vermelho... tem azul... tem amarelo... tem o verde... tem pula-pula amarelo... vermelho... verde... aí a gente pega... amonta a arvre... e solta o macaco... aí o macaco pula e chega lá em cima da arvre...
>
> G – e daí? joga o macaco... ele pula... fica lá em cima da árvore... e pronto?
>
> J – aí quem/... os::... quem dos 9 macaco ficar lá em cima da árvore... aí ganha...
>
> G – hum... então cê acha que já tá tudo explicadinho?... fala tudo de novo... assim... de enfiada... assim... dire/corridinho... assim...
>
> J – levanta a arvre... coloca as gaia... pega os macaco... eles pulam em cima da arvre... fica na arvre... e quem amontar 9 macaco... e quem os macaco/... os 9 macaco ficar em cima da arvre... aí ganha

A segunda passagem é de um texto produzido oralmente para ensinar dois colegas a jogar:

> pega esse daqui...
> coloca esse daqui...
> coloca os macaco...
> coloca os macaco...
> aí pega... faz assim... ((ri))
> aí pega o outro... o outro... de novo...
> aí eh::... ((interrupção))
> cês pega e coloca os macaco...
> que o macaco cai pendurado assim...
> aí cê ganha...
> aí se os macaco tudo cair aqui e aqui...
> aí cês ganha...
> os 9 macaco tem de cair aqui...

No primeiro momento, Juliana *finge que lê* as regras de um jogo e, a partir de questionamento da pesquisadora, se empenha em encontrar um nome para o objeto a que se refere e busca verbos que expressem as ações que recomenda em suas instruções; no segundo, ela tenta ensinar a dois colegas como se joga o tal jogo e, na presença dos interlocutores, faz uso de elementos dêiticos e de termos vagos. Essa diferença na configuração dada aos dois textos é indício da representação que a criança faz da forma e do funcionamento do gênero *regras de jogo* quando escrito e público ("gênero secundário", cf. Bakhtin) como distintos do que é usual nas manifestações desse gênero na fala descontraída do cotidiano ("gênero primário", cf. Bakhtin).

REGRAS DE JOGO PRODUZIDAS PARA O "*LIVRO DE BRINCADEIRAS*"

Com vista a apreender de modo mais acurado a representação dos sujeitos quanto às diferenças entre o uso falado/cotidiano e o uso escrito/público da língua, foi adotada uma estratégia especial entre a segunda e a terceira entrevista.

Formou-se uma roda na sala de aula e propôs-se a todos os alunos da turma que cada um explicasse as regras de uma brincadeira ou desse instruções sobre como fazer um brinquedo. As crianças escolheram brincadeiras e brinquedos conhecidos e tradicionais em sua comunidade: passa-anel, pula-corda, maré (ou amarelinha), carrinho de rolimã, papagaio com cerol, boneca de pano. Suas falas foram gravadas em áudio, com a instrução prévia de que eles deveriam falar de modo que qualquer outra criança que ouvisse a gravação, longe deles, conseguisse aprender a brincadeira que eles haviam ensinado ou fosse capaz de montar o brinquedo que eles tinham ensinado a fazer. Em seguida foram transcritas as falas dos sujeitos da pesquisa, pedindo-se a cada um deles que avaliasse se o seu texto estava adequado para constar de *Livro de brincadeiras* que a pesquisadora estava compondo.

Na atividade de produção oral, a tarefa de dar instruções exclusivamente lingüísticas, sem recorrer a gestos indicadores do tamanho, da posição ou do manuseio dos objetos de que falavam (tarefa que se aproxima, portanto, do que acontece na escrita), revelou-se muito difícil para as crianças. Diante do questionamento da pesquisadora quanto à adequação do texto para a compreensão de um interlocutor distante, que só o ouvisse na fita cassete, algumas delas, por iniciativa própria, encontraram uma solução intermediária, propondo a complementação do texto verbal com desenhos e ilustrações (aliás, como fazem os redatores de manuais de instruções de aparelhos eletrodomésticos, por exemplo).

A atividade epilingüística de avaliação das transcrições de seus textos propunha que os sujeitos os pensassem como passíveis de serem compreendidos por alguém que os lesse no *Livro de brincadeiras*. As crianças demonstraram dificuldade em perceber marcas específicas da produção oral presentes na superfície textual e lidas para elas pela pesquisadora, bem como em reelaborar uma estrutura semântica com mais informações explícitas e mais apropriada para a interlocução escrita.

A exceção foi o menino Éverton, o único do grupo pesquisado que aprendeu a ler durante o ano letivo. Sua familiaridade com a fala objetificada em escrita lhe permitia enxergar no papel os "andaimes" da edificação textual (cf. CASTILHO, 1989), que aparecem na língua oral e desaparecem na escrita, em função das diferenças entre as condições de produção de textos nessas duas modalidades. Só Éverton foi capaz de apontar e rejeitar as marcas da enunciação oral nos textos escritos; as outras crianças, quando se empenhavam na reformulação de seus textos, atentavam para sua estruturação semântica, mas não se davam conta dos aspectos formais.

Essa constatação corresponde ao que van Dijk (1992, p. 9-36) propõe em seu modelo estratégico de processamento textual. Segundo o autor, em decorrência do modo de funcionamento de nossa memória de curto prazo, no processo de compreensão produzimos e enviamos para a memória semântica uma síntese do conteúdo informacional de cada porção de texto lida ou ouvida, e tendemos a desprezar, a esquecer, a forma com que efetivamente tivemos contato. Assim, sem ter acesso à escrita, que torna a fala fixa e disponível para revisão e análise, deve ser realmente difícil avaliar a materialidade formal de um texto.

Na análise dos dados, buscamos um modo de verificar se as dificuldades de produção e avaliação expostas acima eram exclusivas das crianças e decorrentes apenas de sua pouca familiaridade com a escrita ou se adviriam também das próprias condições de realização da tarefa. Foram então entrevistados cinco adultos letrados, aos quais se propôs o mesmo tipo de atividade, em circunstâncias semelhantes. Para viabilizar a análise comparativa, transcrevem-se a seguir dois textos que tratam do jogo de *Maré*, um produzido por uma das crianças da pesquisa (Ana Paula, 7 anos) e outro produzido por uma senhora de 61 anos, com formação universitária (Maria de Lourdes).

Ana Paula

G – ocê falou assim... ó... "Faz um quadrado, a gente pega o giz, pega o giz, e faz um quadrado, aí depois pega e faz as linha, depois faz uma linha no meio."... de quê que é essa brincadeira?

A – de maré...

G – de maré? o nome dela é maré? pode pôr esse nome então pra... na hora que eu for pregar no meu caderno?... então vou pôr aqui... maré... e uma pessoa que não sabe como que brinca de maré... se ela ler esse pedacinho... ela vai saber como que brinca?

A – vai... a menina lá perto de casa... ela num sabia... aí... depois... mesmo... aí pegô ensinou ela... ela tá sabendo agora...

G – ela tá sabendo agora? como ocês ensinaram pra ela? o que que ocês explicaram pra ela?

A – é... a gente pega... faz um quadrado grande... aí depois... pega... faz uma linha no meio... depois pega... vai partindo assim... e fazendo os quadradinho...

G – e é só isso? depois que faz isso... acabou a brincadeira?

A – depois faz os número... aí depois... pula...

G – e como que pula?

A – primeiro... a gente joga a pedra... aí depois num pula no número não... a gente joga a pedra e pula um assim... aí depois... aí depois a gente vai indo... vai indo... depois... quando chega lá no 10... a gente pega... vira assim... assim... vai indo assim... vai assim... aí depois... a gente pega...e chuta... vai assim... vem assim... vai e pega... vai assim... oh... joga a pedra no 1... vai no 6... vai no 7... vai no 8... vai no 9 e vai no 10... aí depois... pega e vai no 5... aí depois... pega e vai no 4... aí depois no 3... depois no 2... depois no 1... aí depois quando chega no 1... a gente pega... chuta a pedra... depois... quando chega no 2... a mesma coisa...

Maria de Lourdes

bom... pra... pra se jogar maré...
antes tem que riscar o maré...
num... num lugar plano...
são três casas seguidas...
depois duas casas paralelas...

mais uma casa...
mais duas casas paralelas...
e depois o céu...
começa-se jogando o objeto... na primeira casa...
pula aquela casa...
e vai pulando nas casas ímpares... ou casas simples...
pula-se com um pé só e nas casas paralelas pula-se com os dois pés...
ao chegar no final... vira... pulando também...
e volta...
e na casa anterior de onde está a pedra...
no caso seria uma pedra... um objeto qualquer...
cê tem que apanhar o objeto...
sem... colocar os dois pés no chão... só com um pé...
e... pula aquela casa...
depois volta...
joga o objeto...
pedra ou caco de telha... qualquer coisa...
na se/... na casa número dois...
pula-se...
começa pela primeira casa...
pula a segunda... com um pé só...
depois com os dois pés nas casas paralelas...
mesmo trajeto até chegar no fim...
volta... na casa num/... na casa anterior...
pega o objeto que tá lá no chão...
salta aquela casa novamente...
e... chega até o final... do... do... do desenho...
depois joga na casa número três...
número quatro... número cinco... seis... sete e oito...
depois que cê jogou nessas casas toda
aí cê vai jogar no céu... no céu...
cê... é... chega até o céu...
pode botar os dois pés... pode col/...
pode pisar com os dois pés...

aí cê volta... aí você é/...
inventa-se muitas maneiras de andar com a pedra...
na palma da mão... na cabeça... no ombro...
e fazendo esse percurso...
pulando com um pé só nas casas ímpares...
e com os dois pés na casa/... nas casas pares...
vai e volta...
de que terminar todos... todos os que...
que fizer todos os::/ ... tudo que foi combinado...
aí de costas...
você joga a pedra...
na casa em que ela cair...
aquela casa é sua...
então... tendo feito...
nos momentos em que a sua parceira for jogar... nela... aí cê não pode...
não pode pisar naquela casa sem a sua permissão...
e assim até completar todas as casas...
quem conseguir completar maior número de casas...
ganha-se o jogo...

A produção de Ana Paula vai sendo provocada pelas perguntas e desafios que lhe propõe a pesquisadora. Seu texto, de início, se limita às ações preparatórias para a brincadeira (que se tornam mais ordenadas e claras no sexto turno) e é complementado com as regras do jogo a partir de intervenção da entrevistadora. A menina mostra dificuldade na compreensão da funcionalidade pretendida para aquele texto e a vincula a uma vivência concreta, em que, com um texto injuntivo oral, ensinou a uma amiga a brincadeira. Não vislumbrando um leitor distanciado, vale-se, na composição, de recurso usualmente mais produtivo na língua falada que na escrita: os dêiticos (*vai partindo assim; pula um assim; vira assim*). Seu interlocutor modelo deve ser alguém que partilha conhecimentos e práticas culturais, posto que algumas informações fundamentais – e, por isso mesmo, óbvias – não são explicitadas no texto.

Outra adulta entrevistada (não a Maria de Lourdes) mostrou-se propensa a empregar os mesmos recursos utilizados por Ana Paula, tendo chegado, durante a gravação em áudio, a fazer o movimento que descrevia – pulou, batendo os pés com força no chão. No entanto, à diferença da criança, percebeu de imediato a inadequação de seu gesto e, depois de explicitá-la, procurou meios de verbalizar os movimentos que acabara de fazer.

Já Maria de Lourdes, após ouvir a fita, propôs correções, por iniciativa própria:

> quando... cê tiver jogando...
> e... você passar pela sua casa...
> você pode pisar na casa com os dois pés...
> pode descansar...
> e... depois continua... o mesmo jogo...
> jogando da mesma maneira...
> essas combinaçõ/...
> aí deve haver combinações entre as pessoas que tão jogando
> pra ver quais as atitudes...
> por exemplo se você colocar a pedra na cabeça
> cê não pode pular...
> tem que ir andando...
> se ocê colocar a pedra no ombro...
> num vai pular... cê vai andando...
> mas cê vai seguindo o mesmo ritmo... né?...
> um pé nas casas ímpares e na...
> nas casas pares apóia com os dois pés...
> um em cada casa...
> e assim... é uma das maneiras...
> tem outras maneiras...
> só que... no momento eu não me lembro...

O texto produzido por Maria de Lourdes mostra-se mais completo e mais explícito que o de Ana Paula. Entretanto, há nele a manifestação tendências também percebidas nos textos das crianças, que se pode creditar às circunstâncias da situação de produção – enunciação oral, na presença de um interlocutor – e à pressuposição de que o destinatário do texto é alguém com conhecimento prévio sobre esse jogo. Assim, a produtora menciona pela primeira vez *"o objeto"* marcando o termo com artigo definido e sem dizer qual a sua função no jogo, depois o retoma e o substitui por *a pedra*; no entanto, diferentemente da maioria das crianças, por si mesma se dá conta dessa impropriedade e procura corrigi-la, inserindo no texto uma rápida explicação (*no caso seria uma pedra... um objeto qualquer*). Como no texto de Ana Paula, conceitos fundamentais do jogo não são explicitados (por exemplo, *casa* e *céu*). Também merece registro a alternância entre formas do dialeto padrão, que a autora considera adequado ao funcionamento escrito previsto para o texto, e formas da linguagem coloquial, que vêm "naturalmente" na formulação do texto, que, afinal, é falado. Veja-se, por exemplo, a oscilação entre a indeterminação do sujeito sinalizada com o marcador usual no dialeto padrão (*começa-se, pula-se, inventa-se*) e a indeterminação marcada pelo emprego genérico do pronome *você*, comum nos usos coloquiais da língua (*cê jogou, cê volta, vira, volta*). Além disso, como fizeram as crianças, esse adulto, quando tenta corrigir o texto produzido, depois de ouvir a gravação, só consegue atinar com questões relativas ao conteúdo, acrescentando algumas informações, sem propor nenhum reparo no plano da forma.

Conclusão

Por sua possibilidade de construção icônica, correspondendo à percepção do processo real que quer representar, o tipo injuntivo se mostra como composição potencialmente fácil mesmo para a criança ainda necessitada de apoio do concreto para a elaboração de seu pensamento. Esse aspecto se revela na boa ordenação e na articulação dos textos injuntivos produzidos pelos sujeitos. Entretanto, por outro lado, a produção de textos destinados ao funcionamento escrito traz dificuldade para as crianças, na medida em que requer a representação verbal, lexicalizada e sintaticizada, de imagens visuais que se traduziriam mais facilmente por gestos e movimentos. Esse processo exigiria a capacidade de abrir mão do concreto imediato para operar com níveis mais altos de abstração e, por isso mesmo, mostrou-se mais difícil para a maioria dos sujeitos da pesquisa. No entanto, a solução proposta por eles – o desenho – corresponde à maneira como os impressos de circulação social ampla resolvem o mesmo tipo de problema (que também é do leitor). Os manuais de instrução também se valem de gráficos e ilustrações como apoio ao texto verbal.

Pode-se dizer, como conclusão, que os dados parecem indicar que os sujeitos têm conhecimento do tipo injuntivo, manifesto nos gêneros *receita* e *regras de jogo*, na esfera que Bakhtin chamou de circulação "primária", e que alguns deles têm boa intuição quanto a aspectos importantes da configuração desses gêneros discursivos adequada à circulação escrita e pública (na esfera "secundária").

Esta pesquisa pretendeu, sobretudo, evidenciar um modo de olhar que permite enxergar, na produção das crianças aprendizes da escrita, não as imperfeições decorrentes da comparação com textos de adultos, mas a riqueza do processo de construção de um novo conhecimento. Nessa escolha de dirigir o olhar também sobre o processo, acreditamos estar a maior contribuição deste trabalho para a discussão das práticas de ensino, porque, quando na escola julga-se apenas o produto merecedor de atenção, pode-se estar perdendo o mais importante: a possibilidade de detectar as dificuldades e os progressos dos alunos para, a partir daí, determinar a zona de intervenção na qual devem atuar os professores. Com esse olhar é que se considera possível promover, na sala de aula, um ensino mais conseqüente, mais agradável e mais democrático.

Referências bibliográficas

BAKHTIN, Mikhail (Volochinov). *Marxismo e Filosofia da Linguagem.* 3 ed., São Paulo: Hucitec, 1986.

BAKHTIN, Mikhail (Volochinov). *Estética da Criação Verbal.* São Paulo: Martins Fontes, 1992.

BOURDIEU, Pierre. *A Economia das Trocas Simbólicas.* 2 ed., São Paulo: Perspectiva, 1987.

CASTILHO, Ataliba T. de & PRETI, Dino. (Org.). *A linguagem falada culta na cidade de São Paulo.* vol. II – Diálogos entre dois informantes. São Paulo: T. A. Queiroz/FAPESP, 1987.

CASTILHO, Ataliba T. de. Para o Estudo das Unidades Discursivas no Português Falado. In: CASTILHO, Ataliba T. de. (Org.). *Português Culto Falado no Brasil.* Campinas: Editora da UNICAMP, 1989, p. 249-280.

CASTILHO, Ataliba T. de. Português falado e ensino da gramática. *Letras de Hoje.* n. 25, vol. 1, jul. 1990. p. 103-136.

CASTILHO, Ataliba T. de. *A língua falada no ensino de português.* São Paulo: Contexto, 1998.

DIJK, Teun A. van. *Cognição, discurso e interação.* São Paulo: Contexto, 1992.

FRANCHI, Carlos. Linguagem - Atividade Constitutiva. *Almanaque – Cadernos de Literatura e Ensaio.* São Paulo: Brasiliense, n. 5, p.5-27, 1977.

GERALDI, J. Wanderley. *Portos de Passagem.* São Paulo: Martins Fontes, 1991.

MARCUSCHI, Luiz Antônio. *Cognição, explicitude e autonomia no texto falado e escrito.* Maceió: UFAL – III Encontro de Língua Falada e Ensino, 12-16 abril 1999 (conferência).

VYGOTSKY, L. S. *Pensamento e linguagem.* 2 ed. São Paulo: Martins Fontes, 1989.

VYGOTSKY, L. S. *Formação social da mente.* 4 ed. São Paulo: Martins Fontes, 1991.

CONSIDERAÇÕES SOBRE A DIFERENCIAÇÃO DE GÊNEROS DISCURSIVOS NA ESCRITA INFANTIL

**Maria Bernadete Marques Abaurre
Maria Laura Trindade Mayrink-Sabinson
Raquel Salek Fiad**

Nosso objetivo neste texto é apresentar algumas considerações sobre a diferenciação de gêneros nos momentos iniciais da aquisição da escrita e tecer comentários sobre o trabalho com a produção de textos nas séries iniciais. O *corpus* do qual extraímos os exemplos aqui analisados faz parte do Banco de Dados do Projeto Integrado de Pesquisa[1] que vem sendo desenvolvido desde 1992 no IEL/UNICAMP e compreende produções escritas de crianças das séries iniciais do ensino fundamental de escolas públicas e particulares, em situações escolares e não-escolares.

Nosso interesse pelo estudo da manifestação de diferentes gêneros discursivos na escrita inicial decorre dos objetivos gerais da pesquisa que vimos desenvolvendo no Projeto Integrado, dentre os quais está o de compreender a maneira como se vão definindo, ao longo do processo de aquisição da linguagem, os contornos de estilos individuais. Na verdade, não é possível discutir a questão da emergência de estilos individuais sem considerar sua relação com os estilos que caracterizam os gêneros discursivos (cf., a respeito, BAKHTIN, 1992 [1952-1953]). Por esse motivo, voltamo-nos para a identificação, nos dados do *corpus*, dos diversos gêneros explorados pelas crianças em sua escrita inicial. Ainda quanto ao

---

[1] Projeto Integrado *Subjetividade, Alteridade e Construção do Estilo: Relação entre estilos dos gêneros e estilos individuais (CNPq 521837/95-2)*

corpus, é importante ressaltar que ele foi se constituindo de tal forma que passou naturalmente a conter uma amostragem significativa das incursões dos sujeitos, através de suas escritas em construção, em vários gêneros, eles próprios em construção.

Alguns pressupostos teóricos e metodológicos

Assumimos, em nossas investigações, uma concepção sócio-histórica de linguagem (BAKHTIN, 1982 [1929]; FRANCHI, 1987). Tomada como atividade, como trabalho, a linguagem, ao mesmo tempo que constitui os pólos da subjetividade e da alteridade, é também constantemente modificada pelo sujeito, que sobre ela atua. Esta concepção de linguagem permite-nos não só visualizar uma relação dinâmica e constitutiva entre o sujeito e a linguagem; dela decorre, muito naturalmente, uma concepção de estilo enquanto escolha e enquanto marca de trabalho do sujeito na linguagem, conforme proposto em Possenti (1988), que se inspira em Granger (1968). Possenti (1993) defende o ponto de vista de que, dada a concepção de estilo como marca de trabalho, é possível de fato tomar alguns indícios encontrados na escrita inicial como reveladores de um estilo em construção, em contextos em que o sujeito começa já a fazer determinadas escolhas, as quais, por vezes, se consolidam como preferências, ainda que temporárias, em termos de estruturas, de léxico ou mesmo em termos dos temas de suas escritas.

Inspiramo-nos, em nossas análises, no *paradigma indiciário* de investigação (GINZBURG, 1986), que, conforme apresentado em Abaurre et alii (1997) é um modelo epistemológico fundado no detalhe, no "resíduo", no episódico, no singular, a partir do pressuposto de que, se identificados a partir de princípios metodológicos previamente definidos, os dados singulares podem ser altamente reveladores daquilo que se busca conhecer. A opção feita por focalizar os dados singulares permitiu a observação de que certos sujeitos parecem definir preferências em seu trabalho com a linguagem. Assim, ao lado de escolhas por vezes totalmente idiossincráticas e únicas, que provavelmente jamais se repetirão, os sujeitos, por outro lado, dão outras indicações de que estão investindo em determinados aspectos, buscando já, a partir de certos tipos de escolhas, provocar algum efeito de sentido em seus interlocutores.

Consideramos a concepção bakhtiniana de gêneros do discurso, entendendo gêneros como "tipos relativamente estáveis de enunciados" constituídos sócio-historicamente nas diferentes e variadas esferas de comunicação verbal. Desta concepção, interessa-nos, principalmente, a idéia dinâmica de constituição social dos gêneros, a possibilidade de transformação, de influência mútua entre diferentes gêneros e a possibilidade do surgimento de novos (infinitos) gêneros, do discurso, acompanhando o aumento de complexidade das situações de comunicação verbal (o que explicaria uma diferença na manipulação de diferentes gêneros escritos por crianças pertencentes a diferentes estratos sócio-econômicos, por exemplo, bem como a diferença observável à medida que aumenta a escolarização).

A relação entre estilo e gênero, bem como a plasticidade dos próprios gêneros e estilos, ficam claras na seguinte passagem de Bakhtin (1992 [1952-1953]):

> [...] Quando há estilo, há gênero. Quando passamos o estilo de um gênero para outro, não nos limitamos a modificar a ressonância deste estilo graças à sua inserção num gênero que não lhe é próprio, *destruímos e renovamos o próprio gênero.* (p. 286 – grifo nosso)

Esta visão de gêneros parece-nos compatível com as concepções de linguagem e de estilo adotadas. Parece-nos, também, compatível com o que podemos observar nos dados da escrita inicial, permitindo explicar o movimento de constituição observável nas produções escritas de aprendizes: encontramos, por exemplo (ver item 3, abaixo), textos que oferecem indícios de filiação a um ou mais gêneros *tradicionalmente* reconhecidos e nomeados, constituindo-se, assim, em textos *híbridos*, de gêneros *indefinidos* ou parcialmente *definíveis*; e também textos que podem ser vistos como *embriões* de cartas, bilhetes, lendas, histórias de fada, relatos, entrevistas, notícias jornalísticas etc.

Tomamos como pressuposto que os próprios gêneros com os quais os sujeitos estarão entrando em contato em vários contextos ao longo do seu processo de aquisição da escrita constituem lugares de manifestação estilística dos autores dos textos. No entanto, não nos ocupamos, neste trabalho, da questão da emergência dos estilos individuais.

Neste trabalho nos preocupamos, exclusivamente, com a emergência de estilos de gêneros e sua diferenciação quando possível. Por estilo de gênero entendemos, com Bakhtin, que:

> De fato, o estilo lingüístico ou funcional nada mais é senão o estilo de um gênero peculiar a uma dada esfera da atividade e da comunicação humana. Cada esfera conhece seus gêneros, apropriados à sua especificidade, aos quais correspondem determinados estilos.(1992 [1952-1953], p. 283-284)

Falar em estilos de gêneros, portanto, não implica considerar que sejam fixos e imutáveis. Pelo contrário, entendemos que resultam da recorrência, em determinado contexto sócio--histórico, de opções composicionais e temáticas características dos vários gêneros em circulação em diferentes situações de comunicação humana, recorrências essas que permitem o reconhecimento e diferenciação dos gêneros. Além disso, assumimos que, tanto na manifestação de gêneros já existentes como no processo de emergência de novos gêneros, podem mesclar-se diferentes estilos.

Neste trabalho, não utilizamos a noção corrente de *tipo de texto*. Concordamos, no entanto, com Silva (1999) sobre a necessidade de distinguir entre o que a literatura tem denominado *tipo textual* e os *gêneros discursivos*. Segundo esta autora,

Em alguns estudos [...], "tipo textual" é uma noção que remete ao funcionamento da constituição estrutural do texto, isto é, um texto, pertencente a um dado gênero discursivo, pode trazer na sua configuração vários tipos textuais como a narração, descrição, dissertação/argumentação e injunção, os quais confeccionam a tessitura do texto, ou, nas palavras de Bakhtin, constituem a estrutura composicional do texto segundo os padrões do gênero. [...] Nessa perspectiva, tipo textual é amplamente tomado como uma categoria que se presta a pensar e caracterizar o funcionamento de um dos planos constitutivos do texto – a estrutura interna da configuração textual (p. 101).

Ainda no dizer da autora:

[As] operações textual-discursivas [...] podem modalizar-se na forma de: a) narração [...] b) descrição [...]

Saliente-se que esses modos enunciativos assumem uma função específica e variável na constituição do texto, em razão da finalidade comunicativa que este engloba. Por exemplo, as seqüências narrativas não se inscrevem da mesma maneira na construção do sermão, da notícia, do conto de fadas, da conversação espontânea, etc.

[...] Por essa via, a noção de tipo textual subsume uma dimensão discursiva se se considera que cada tipo é objeto de modalização específica, dada a natureza do gênero a que o texto pertence. Retomando e resumindo, pode-se dizer que "tipo textual" figura como uma noção que se define pela determinação das relações internas da organização estrutural do discurso concretizadas no texto, as quais se dimensionam à luz do projeto discursivo do locutor. (p. 101. Grifos nossos)

Desta forma, buscando manter a distinção estabelecida por Silva (1999) e coerentemente com a proposta de Bakhtin, adotamos o conceito de *unidades estilísticas de composição*, para designar os diferentes modos enunciativos (definir, relatar, narrar, descrever, argumentar, dialogar, dissertar...) inscritos nos diversos gêneros discursivos. Segundo Bakhtin (1998[1975], p. 74), "estas unidades estilísticas heterogêneas, ao penetrarem no [...] [gênero], unem-se a ele num sistema literário harmonioso, submetendo-se à unidade estilística superior do conjunto".

A diferenciação de gêneros na escrita inicial

Buscando ilustrar o que entendemos por gênero e por unidades de composição, podemos observar dois exemplos de escrita de crianças de escola particular (ML e LM) em que a *unidade composicional* "descrição" é utilizada para compor o gênero *adivinha* (Fig.1 – ML) e para construir uma *definição* (Fig. 2 – LM).

Ambos os exemplos são escritas escolares, precedidos de instruções fornecidas pelas professoras. No primeiro exemplo, a instrução não menciona a escrita de uma *adivinha*, mas fornece indicações que levariam à produção de uma "descrição" (*Você vai sair da sala e procurar alguma coisa lá fora. Depois vai escrever com muitos detalhes como ela é, do que é feita, a cor, a forma, o tamanho etc... Por último você vai dizer para que ela serve. Não diga o que é, para depois adivinharmos*). As informações fornecidas à criança indicam que a professora supõe que elas sejam necessárias para a produção de uma *adivinha*, e isso é, de fato, o que ML produz:

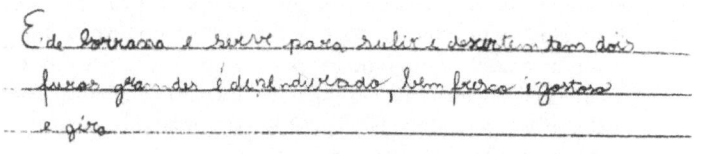

Fig. 1

No segundo exemplo, a instrução pede que a criança forneça *definições* para palavras dadas, o que indica que a professora supõe haver um conhecimento prévio, por parte da criança, a respeito do que seja "definir". LM demonstra ter algum conhecimento de características desse gênero, lançando mão, na maioria dos casos, da estrutura "é + artigo + substantivo genérico (lugar, coisa, pessoa, jeito) / substantivo específico (uso, mistura, suor) / verbo (fazer) + complemento nominal ou verbal":

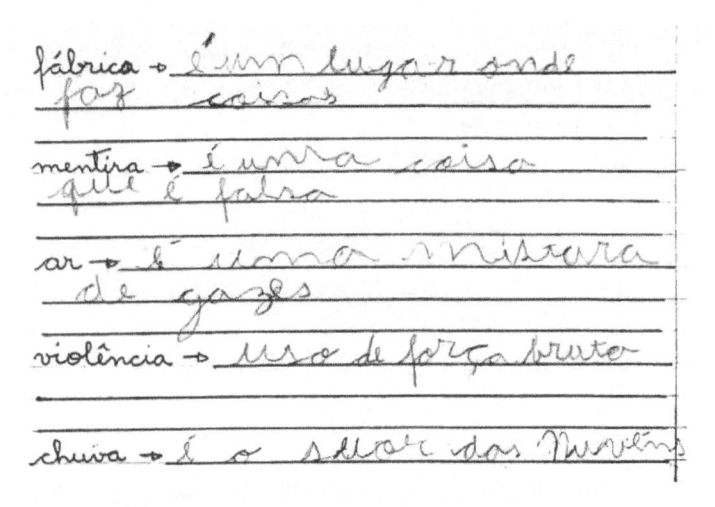

> fábrica → é um lugar onde faz coisas
>
> mentira → é uma coisa que é falsa
>
> ar → é uma mistura de gases
>
> violência → uso de força bruta
>
> chuva → é o ? das nuvens

Fig. 2

As duas produções apresentam aspectos formais de unidades composicionais descritivas, mas servem a diferentes propósitos. No primeiro caso, pode-se falar no gênero *adivinha*. No segundo, exemplifica-se uma tarefa escolar de ensinar o gênero *definição* (presente em dicionários, verbetes de enciclopédia, monografias, ensaios *etc.*).

Passemos, então, a discutir o conhecimento de gêneros revelado por crianças em momentos iniciais de aquisição da escrita. Algumas produções encontradas no *corpus* analisado seriam reconhecidas por qualquer leitor como exemplos de alguns gêneros que circulam com freqüência nas esferas de comunicação social. Tais gêneros, de fácil categorização, apresentam características que os definem e que nos permitem nomeá-los: *carta, receita, poema, história fantástica* (escritas produzidas em situações não-escolares); *entrevista, bilhete, notícia, relatório, comentário* (escritas em situações escolares). Supomos que a vivência, por parte das crianças, de determinadas situações sociais – não exclusivamente escolares – permeadas pela presença de escrita levou à elaboração da diferenciação entre esses gêneros. Vejamos, a seguir, alguns exemplos.

O *bilhete* reproduzido na fig. 3, abaixo, foi escrito em sala de aula por um aluno de 1ª série de escola pública, por solicitação da professora:

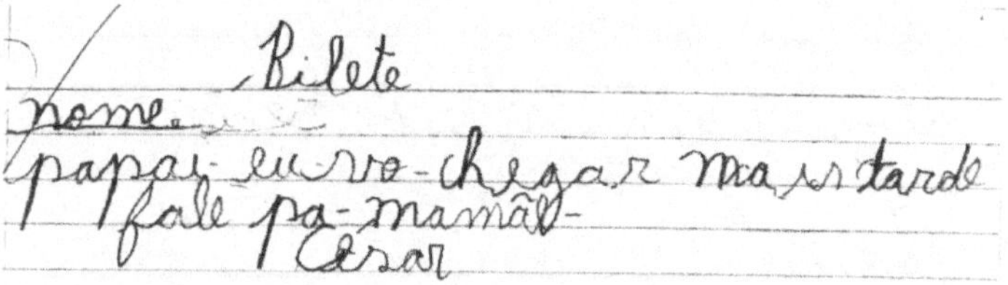
Bilete
nome
papai eu vo chegar mais tarde
fale pa mamãe
César

Fig. 3

Já a *carta* de ML (fig. 4) foi escrita em casa, em papel próprio, por iniciativa da criança e dirigida a uma tia que morava em outra cidade:

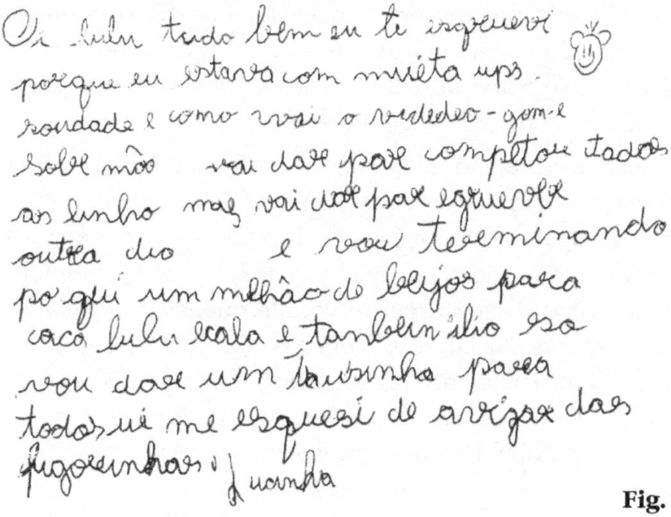
Oi lulu tudo bem eu te esqueceri
porque eu estava com muita ups.
saudade e como vai o videdeo-gom-e
sobe mão vai dar par completar todas
as linho mas vai dar par esquever
outra dia e vou terminando
por qui um milhão de beijos para
cacá lulu icala e tanbein ilio esa
vou dar um beijinho para
todas ui me esquesi de avizar das
figurinhas. Luanda

Fig. 4

A *notícia* escrita por LM (fig. 5) foi produzida em sala de aula, por solicitação da professora, depois de atividade em que foram apresentados oralmente à classe diversos textos representativos de noticiário de jornais, revistas e rádio:

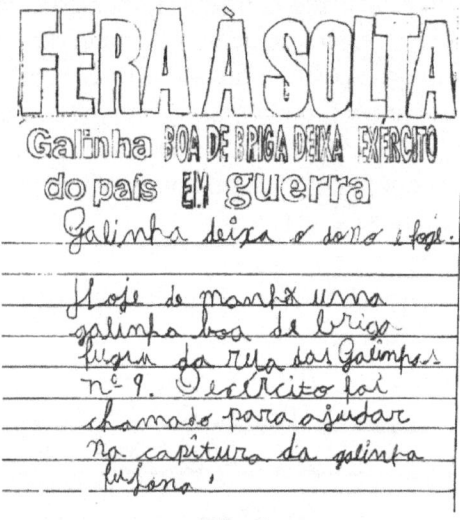

> **FERA À SOLTA**
> Galinha BOA DE BRIGA DEIXA EXERCITO
> do país EM guerra
>
> Galinha deixa o sono e foge.
>
> Hoje de manhã uma
> galinha boa de briga
> fugiu da rua dos Galinhos
> nº 9. O exército foi
> chamado para ajudar
> na capitura da galinha
> fujona.

Fig. 5

Na fig. 6 temos um exemplo de *receita* escrita em casa por ML:

> Enroladinhos de queijo,
> azeitona e etc
>
> Pique bem picadinhas 3 azeitonas
> para 1 colher de sopa de
> requeijão cremoso, uma colher
> de sopa de patê.
> MODO DE fazer
> misture bem, ponha na ponta
> de um queijo que já vem
> cortado em fatias grandes
> e finas, involte e ponha na
> geladeira
>
> podesse duplicar
> a rceita

Fig. 6

Lado a lado com textos como os apresentados acima, que já trazem em sua configuração geral o conjunto de características reconhecidas socialmente como típicas de gêneros específicos, encontramos também, no *corpus*, exemplos que já poderiam ser, de certa forma, associados a algum gênero, por apresentarem umas poucas características temáticas, composicionais ou estilísticas desse gênero:

> Urso come peixe e dorme.
> Ele é fofo e vive na caverna.
> Gosta de carinho e tem pelo.
> Ele gosta de seus filhotes.
> Ele gosta de mel.
> Ele brinca muito.
> Ele sobe em árvores.

Fig. 7

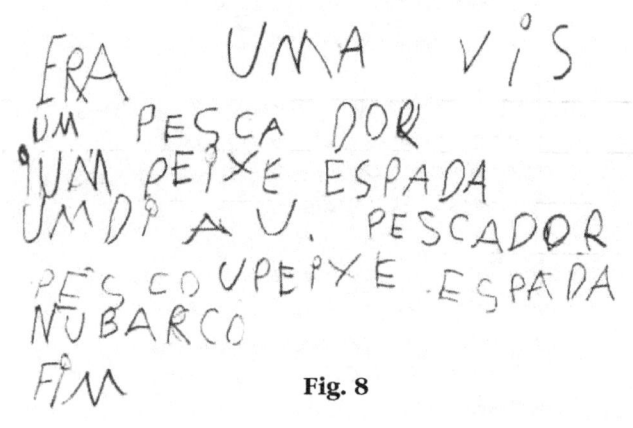

> ERA UMA VIS
> UM PESCADOR
> UM PEIXE ESPADA
> UM DI A U. PESCADOR
> PESCOU PEIXE ESPADA
> NU BARCO
> FIM

Fig. 8

Tais textos, no entanto, provocam um certo estranhamento, como se constituíssem "gêneros híbridos" ou "embriões de gêneros" em construção. O texto de ML (Fig. 7), responde à solicitação da professora: *Pense em um animal que* [sic] *você goste muito e escreva o que você sabe sobre ele*. Observa-se que esta produção escolar apresenta características próprias do gênero *verbete* (generalizações sobre um animal com a apresentação de suas características: *urso come peixe e dorme... vive na caverna... tem pelo... gosta de mel... sobe em árvore...*), ao lado de características estranhas a este gênero (particularizações e avaliações que revelam uma visão muito particular que ML tem do animal: *é fofo... gosta de carinho... gosta de seus filhotes... brinca muito*). Não nos parece tranqüilo considerar esta escrita como um exemplo do gênero *verbete* que pudesse ser encontrado, por exemplo, em uma revista informativa, ou em uma enciclopédia. Da mesma forma, a produção também escolar de LM (Fig. 8), apesar de apresentar algumas características próprias do gênero *estória* (*Era uma vez*, os personagens pescador e peixe espada, além do introdutor de complicação *Um dia*), não se resolve como uma *estória*.

Uma outra questão que desejamos apontar refere-se à apropriação de um mesmo gênero por diferentes sujeitos, ao realizarem uma mesma atividade proposta pela escola, o que permite pensar em diferentes conhecimentos em construção sobre um gênero determinado.

Tomemos as três produções abaixo, de três diferentes crianças de uma mesma classe de 1ª série de uma escola pública. Supomos, por ocorrências presentes nos desenhos (bandeirolas, balão, fogueira, além do navio – a caravela do Parque Taquaral de Campinas) e por indícios presentes no primeiro texto (lagoa do Taquaral), no segundo texto (lagoa) e no terceiro texto (o dia do domingo), que essa tarefa tenha sido a de relatar, através de desenho e de texto, um passeio de toda a classe a uma festa junina na lagoa do Taquaral.

A primeira delas (Fig.9) pode ser reconhecida como um *relato* de uma visita (escrita em primeira pessoa do singular, apresenta uma seqüência cronológica de fatos, valendo-se de formas verbais do pretérito perfeito):

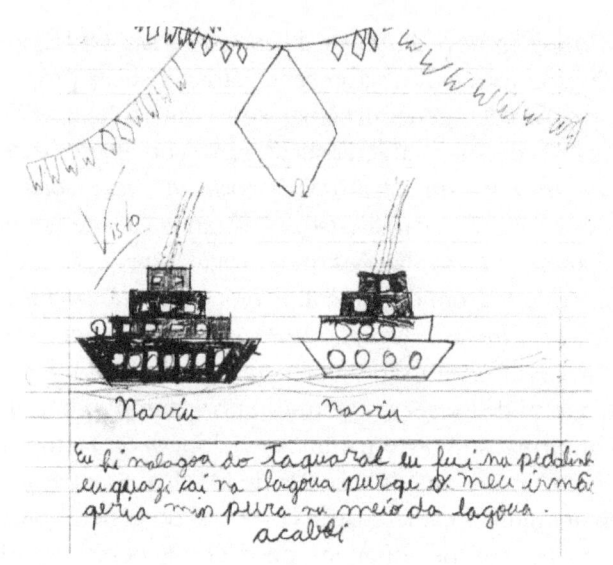

Fig. 9

A segunda (Fig.10) começa como um *relato* (em primeira pessoa do singular, com forma verbal do pretérito perfeito) que é interrompido, passando o seu autor a somente descrever o desenho (verbos *ser* e *estar* no presente do indicativo, seguidos de complementos).

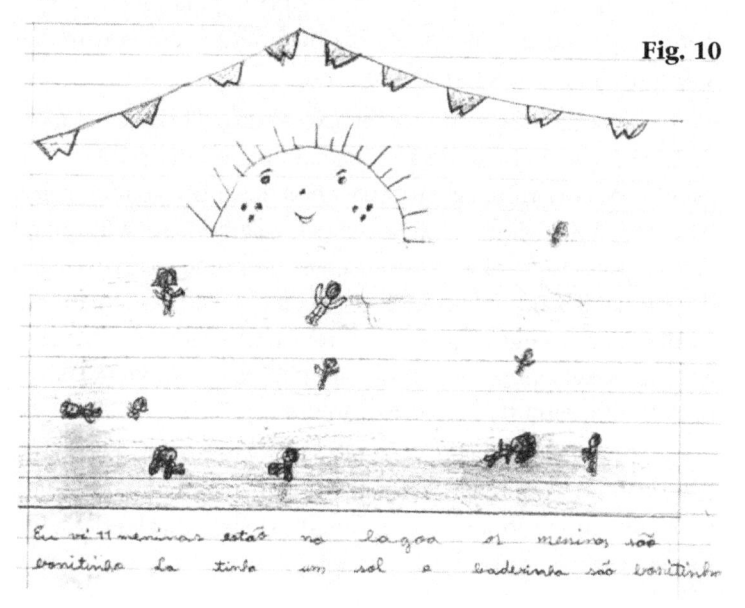

Fig. 10

A última produção (Fig.11) não contém características do gênero *relato*. O único indício que poderia levar-nos a pensar numa intenção de relatar algum fato vivenciado é o início *O dia do domingo* – a localização no tempo. Essa intenção (se houve) é em seguida abandonada, passando a criança a descrever o desenho feito.

Usando os conhecimentos já constituídos sobre a escrita, cada uma das três crianças vai realizar a tarefa proposta pela professora (que nos entregou os textos como sendo produtos de uma mesma atividade). Os resultados apontam para a circulação diferenciada das crianças por gêneros e unidades composicionais conhecidos ou em processo de constituição, bem como pela relação entre o texto e o desenho: enquanto a primeira criança produz um *relato* que independe do desenho (o que ela conta não está desenhado), a segunda o inicia retomando elementos do desenho (ela desenha onze crianças sob um sol e uma fileira de bandeirolas e escreve *eu vi 11 meninas*) e passa apenas a emitir opiniões sobre o que viu (*são bonitinho*). Já a terceira escreve um texto sem se valer de unidades composicionais características de um *relato* (com exceção, talvez, de seu início *O dia do domingo*). O gênero, no entanto, pode ser vislumbrado com o apoio do desenho que, por sua vez, conta com o apoio da escrita através de nomeação de elementos desenhados.

Fig. 11

Uma outra situação de escrita permite-nos também observar como o conhecimento de um gênero é construído diferentemente por crianças, nessa fase. Trata-se novamente de situação de escrita escolar, em que a motivação para a escrita veio de uma figurinha (cada criança recebeu uma figura diferente). Pelo conjunto das produções, supomos que foi solicitada inicialmente a escrita de uma lista de palavras a partir da figura e, em seguida, a escrita de uma *estória*. Nas diferentes produções escritas, podemos observar a circulação das crianças por esse gênero, tanto ao escreverem suas *estórias* como ao produzi-las oralmente (conforme registro escrito da professora).

Nos exemplos abaixo, se for levada em consideração apenas a escrita da criança, não se poderia dizer que ela produz uma *estória*. No entanto, no primeiro caso (Fig.12), o que aparece sob o título "Estória" é uma lista horizontal de palavras – as duas primeiras até relacionadas à figurinha – seguidas de outras que aparentemente refletem um conhecimento cartilhesco e de outras, ainda, incompreensíveis. Ao ler sua escrita, a criança retoma elementos da figurinha e não da lista anterior. Pode-se dizer que a criança mostra conhecer o gênero *estória* ao produzi-la oralmente. No segundo exemplo (Fig.13), itens da lista são retomados na produção da *estória*, que se torna clara somente na versão lida pela criança (que nela inclui outros elementos presentes em sua lista inicial, calcada no desenho) e anotada pela professora.

Finalmente, podemos observar que algumas crianças que participaram da mesma atividade proposta produziram textos não precedidos de listas de palavras. Esses textos são mais facilmente reconhecidos como *estórias*. Pode-se afirmar, talvez, que essas crianças já se encontram em outro momento do processo de aquisição da escrita, o que lhes permite circular pelos gêneros com maior autonomia, embora seus textos ainda estejam distantes do ideal escolar. O texto da Fig. 14 é um exemplo desses casos:

Considerações sobre a diferenciação de gêneros discursivos na escrita infantil | 181

Fig. 12

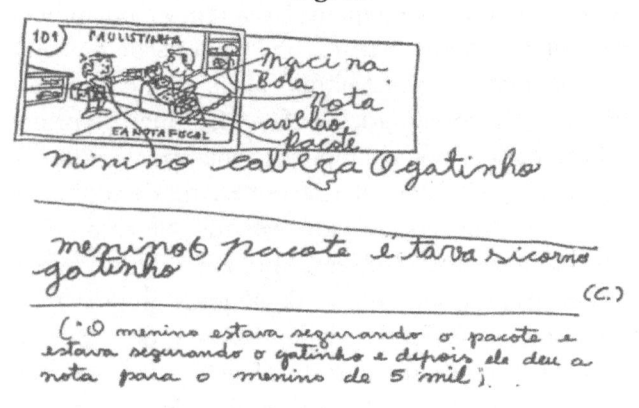

Fig. 13

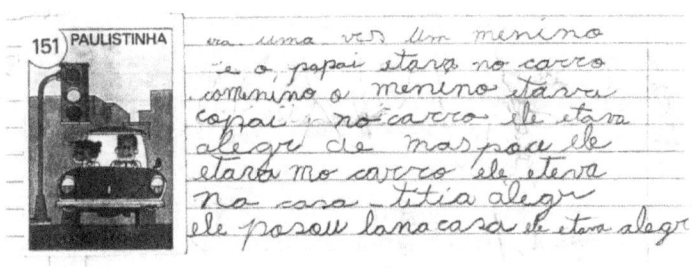

Fig. 14

O último conjunto analisado permite-nos dizer que uma lista de palavras pode servir de apoio para a escrita da *estória*. Também podemos observar que algumas crianças, apesar de não produzirem, por escrito, uma *estória*, demonstram que já a produzem oralmente, o que fica claro pelos registros escritos da professora.

Conclusão

A consideração da diversidade de gêneros representados nas produções escritas de crianças que cursam, ainda, a 1ª série escolar leva-nos a supor que o conhecimento destes gêneros foi construído fora da sala de aula, nas diferentes e variadas esferas de comunicação verbal de que essas crianças certamente participam. A diferença na manipulação de diferentes gêneros escritos por crianças pertencentes a diversos estratos socioeconômicos (as crianças de escola pública quando comparadas a LM e ML, filhas de professores universitários, por exemplo) aponta, por sua vez, para diferentes formas de participação em esferas de comunicação verbal – caracterizadas por graus variados de complexidade – nas quais a escrita se insere. Enquanto algumas crianças teriam acesso a uma variedade de gêneros escritos antes de entrar para a escola, outras dependeriam muito mais da escola para poderem participar de situações de comunicação verbal mais complexas, que exigiriam o uso da escrita. A todas, no entanto, o que a escola pede mais freqüentemente é que escrevam *estórias*, que *contem o passeio que fizeram (à lagoa do Taquaral* ou outro lugar qualquer). Neste contexto, surpreende o *bilhete* escrito (na escola) pelo César, mas parecem "naturais" a *carta* que ML escreve (em casa) para sua tia ou mesmo a *notícia* ou as *definições* que LM produz a pedido da professora.

A análise apresentada no item 3 deste trabalho permite mostrar que as crianças, quando têm a oportunidade de se aventurar em escritas significativas, manifestam seu conhecimento de diferentes gêneros do discurso e das unidades composicionais daqueles gêneros com os quais estão familiarizadas. Os dados da escrita inicial servem, ainda, para reforçar a visão dinâmica de constituição dos gêneros, que pressupõe a própria relação intergenérica. Essa dinamicidade é perceptível especialmente nos textos *híbridos* (de gêneros *indefinidos* ou parcialmente *definíveis*) e nas espécies que se podem considerar *embrionárias*. É importante lembrar, mais uma vez, que estas espécies que estamos chamando de *embrionárias* acontecem porque são parte natural do processo de aquisição/constituição da escrita e dos gêneros discursivos, independendo do estrato sócio-cultural a que a criança pertence.

Sem dúvida, a escola deveria ser capaz de permitir, sempre, que a criança se aventurasse em escritas significativas. A escola é, em si, uma esfera de comunicação verbal na qual gêneros discursivos ("tipos relativamente estáveis de enunciados"), tanto orais como escritos, naturalmente se constituem. A escola deveria ser capaz, também, de aproveitar-se da participação das crianças em diferentes esferas de comunicação verbal externas à escola e dos conhecimentos de gêneros discursivos, orais e escritos, nelas constituídos, trazendo essa variedade de gêneros para o seu interior para trabalhar com eles sem, no entanto, *escolarizá-los*, tornando-os artificiais e irreconhecíveis como gêneros discursivos.

Referências bibliográficas

ABAURRE, M. B. M.; FIAD, R. S; MAYRINK-SABINSON, M. L. T. *Cenas de Aquisição da Escrita*. Campinas: Mercado de Letras/ALB, 1997.

BAKHTIN, M. *Marxismo e Filosofia da Linguagem*. São Paulo: Hucitec, 1982 [1929].

BAKHTIN, M. Os gêneros do discurso. In: *Estética da Criação Verbal*. São Paulo: Martins Fontes, 1992 [1952-1953], p. 275-326.

BAKHTIN, M. O discurso no romance. In: *Questões de Literatura e de Estética. A Teoria do Romance*. São Paulo: Unesp/Hucitec, 1998 [1934-1935]. 1998 [1934-1935], p. 71-210.

FRANCHI, C. Criatividade e gramática. *Trabalhos em Lingüística Aplicada*, Campinas: IEL/ UNICAMP, n. 9, p. 5-45, 1987.

GRANGER, G. G. *Filosofia do Estilo*. São Paulo: Perspectiva/ USP, 1968.

GINZBURG, C. *Mitti Emblemi Spie: Morfologia e Storia*. Torino: Einaudi, 1986. Tradução Brasileira: *Mitos Emblemas Sinais: Morfologia e História*. Tradução de F. Carotti. São Paulo: Companhia das Letras.

POSSENTI, Sírio. *Discurso, Estilo e Subjetividade*. São Paulo: Martins Fontes, 1988.

POSSENTI, Sírio. Estilo e aquisição da escrita. *Estudos Lingüísticos XXII, Anais de Seminários do GEL*. Ribeirão Preto: Instituição Moura Lacerda, p. 202-204, 1993.

SILVA, J. Q. G. Gênero Discursivo e Tipo Textual. *Scripta*. Belo Horizonte: PUC Minas, v. 2, n. 4, p. 87-106, 1999.

REVISITANDO A PRODUÇÃO DE TEXTOS NA ESCOLA

Roxane Rojo

Nas duas últimas décadas, travou-se, no domínio da escrita e de sua aprendizagem e/ou desenvolvimento por parte da criança, um debate intenso sobre o que é a escrita, sobre o que ela pode significar para o sujeito que a aprende e sobre quais seriam as formas de aprendizagem desse sujeito.

Muito rapidamente, os educadores viram modificadas suas concepções sobre o que era alfabetizar e a própria noção de *alfabetização* foi sendo substituída pela de *(sócio)construção da escrita* e pela de *letramento(s)*.

Estabeleceu-se um certo consenso em torno do fato de que nem a escrita era objeto social privativo da escola e nem a criança nela adentrava como um sujeito sem nenhuma concepção sobre esse objeto. Ao contrário, ao chegarem ao momento escolar da alfabetização, as crianças já haviam percorrido um longo caminho e construído uma série de usos e concepções sobre os objetos escritos – nem sempre compatíveis com os da escola e dos adultos alfabetizados –, que deveriam ser reconhecidos e conhecidos pelos educadores, de forma que pudessem atuar processualmente.

Entretanto, nesse debate, o papel do *outro* e da *interação com o outro* no processo de construção de *práticas, discursos e concepções letradas* ficou, durante algum tempo, em segundo plano, na medida em que o foco do olhar construtivista inicial era o *sujeito cognitivo*.

Na confrontação e comparação que se seguiu nesses anos – por parte de profissionais interessados, de uma ou de outra forma, em educação – entre as posturas construtivista piagetiana e sócio-histórica vygotskiana, este era o ponto crucial da contraposição: o lugar do outro, da linguagem e da interação no(s) processo(s) de construção do sujeito e do(s) conhecimento(s) de mundo. No caso da escrita como objeto cultural, no processo contínuo de construção dos *letramentos*.

Produto dessas décadas de discussões, vimos também emergir, por parte de pesquisadores e educadores afiliados a uma perspectiva sócio-histórica, questões de interesse da Lingüística Aplicada, referentes à chamada "continuidade da alfabetização" e, logo, ao ensino-aprendizagem de leitura e de escrita (produção de textos) e à construção de conceitos sobre a língua na escola, de modo geral.

Assim, embora a afirmação da perspectiva sócio-histórica vygotskiana, na pesquisa e na educação no Brasil, tenha tido por palco principal as discussões sobre política lingüística de letramentos/alfabetização, foi decorrência dessa afirmação a sua extensão ao campo do ensino-aprendizagem de língua escrita como um todo: leitura, produção de textos, construção de conceitos, aprendizagem de língua estrangeira (segunda língua, ou L2).

Se, no campo da alfabetização/letramentos, para os pesquisadores afiliados à perspectiva sócio-histórica, o embate se dava com o campo teórico delimitado das teorias sobre aquisição/desenvolvimento/aprendizagem da língua escrita – implicando um diálogo com teóricos construtivistas, por um lado, e associacionistas, por outro –, com o alargamento da abrangência dessa perspectiva teórica, renovadas questões se colocam para o lingüista aplicado, no campo, agora mais amplo, do desenvolvimento e aprendizagem de língua escrita. Como veremos, estas questões demandaram uma revisão acurada dos enfoques sobre a linguagem e a cognição nas teorias ditas "de processamento".

Focaremos, neste artigo, as revisões teóricas impostas ao paradigma pelo campo de investigação da *produção de textos*. No entanto, julgamos que as questões postas por esta discussão têm reflexos também sobre outros campos do desenvolvimento de língua escrita, como o da leitura, por exemplo[1].

Inicialmente, apresentaremos as revisões teóricas que se deram neste espaço de tempo. Em seguida, a título de ilustração, faremos a releitura de alguns dados de processos de produção de textos por alunos de Ensino Fundamental, a partir das novas perspectivas esboçadas na década de 90.

As teorias sobre textos e produção de textos

Nas últimas duas décadas, em Lingüística Aplicada (doravante, LA) e Psicolingüística, o domínio de investigação do processo de produção de textos e de seu desenvolvimento/aprendizagem tem sido hegemonizado por uma perspectiva cognitivista e textual. A partir da publicação, em 1982, da coletânea de Nystrand, não só o domínio de investigação se estabeleceu com maior força e consistência, como também esboçou-se e ganhou forças, a partir de então, uma abordagem do processo de produção de textos que levava em conta, por um lado, as *teorias textuais* de descrição do texto escrito (Halliday & Hasan; Hoey; van Dijk e o grupo de pesquisadores da Lingüística Textual; posteriormente, Adam) e, por outro, com um viés mais comportamental ou mais cognitivo, as teorias cognitivas de memória e de esquemas de conhecimento, para descrição do processo de produção (de Beaugrande, Hayes & Flower, van Dijk & Kintsch). Também os pesquisadores interessados em aspectos ontogenéticos da produção de textos e de seu processamento afiliaram-se a esses modelos teóricos, de uma forma ou de outra (cf., a título de exemplo, as coletâneas de KROLL & WELLS, 1983 e de MARTLEW, 1983, e, no Brasil, BASTOS, 1985; KATO, 1986; e ROJO, 1989a, 1989b, 1989c, 1990 e 1992).

---

[1] Ver, a este respeito, Rojo (2001).

Nas versões mais sofisticadas e explicativas destas abordagens (van DIJK & KINTSCH, 1983, por exemplo), por um lado, o produto textual é visto como um conjunto de estruturas maiores do que a sentença, ditas "*estruturas globais*" (*macro-estruturas – semânticas e pragmáticas –, superestruturas*), responsáveis pela organização das estruturas menores (*micro-estruturas*), cujos esquemas de organização encontram-se armazenados na memória do produtor (léxico; esquemas sintáticos; esquemas lógico-semânticos; em forma de proposições e macroproposições e de relações entre proposições para a construção da base textual; esquemas superestruturais).

Por outro lado, durante o processamento da produção de um texto, as ditas "condições da tarefa" interagem com os conhecimentos de várias ordens estocados na memória do produtor (*frames; scripts; schamata;* os esquemas lingüísticos já mencionados; conhecimentos referentes a *metas* e *situação*), para o preeenchimento e articulação destes esquemas numa base textual e, finalmente, em textos coesos e coerentes.

Em geral, com excessão do modelo de van Dijk & Kintsch (1983) – mais interativo –, tal processo de articulação e preenchimento é visto como fásico (bifásico, trifásico), onde comportamentos de *planejamento* são seguidos pelos de *tradução* para a escrita e, às vezes, por comportamentos de *revisão* (de BEAUGRANDE, 1984; HAYES & FLOWER, 1980; FLOWER & HAYES, 1980; KATO, 1986; ROJO, 1989a, b e c; 1990; 1992).

Ora, para um pesquisador interessado na construção da escrita que assuma uma perspectiva sócio-histórica vygotskiana, acaba ficando clara a incompatibilidade entre alguns dos pressupostos básicos envolvidos nas duas perspectivas (sócio-histórica e cognitiva) e a decorrente necessidade de releitura e articulação destes pressupostos, ou então, de busca de novas descrições para o processo de funcionamento da linguagem em geral e de produção de textos, em particular.

Um número considerável de investigadores neo-vygotskianos, em geral americanos, tem optado, nos últimos anos, pela primeira via, i.e., a da releitura, a partir de uma ótica sócio-construtivista, dos construtos cognitivistas e de sua articulação com pressupostos sócio-históricos (BROWN & FRENCH, 1979; BROWN & FERRARA, 1985; NEWMAN, GRIFFIN & COLE, 1989; ROGOFF & WERTSCH, 1984; SINHA, 1990; WERTSCH (ed.) 1985; 1986). Na medida em que os construtos cognitivistas em geral postulam esquemas abstratos e logicamente organizados de armazenamento e estruturação dos conhecimentos na memória humana, há que se explicar (do ponto de vista sócio-histórico), a partir da interação e da linguagem, minimamente o processo social de construção e gênese de tais esquemas. Os conceitos vygotskianos geralmente privilegiados na discussão desses autores são os de *relação aprendizagem/desenvolvimento, relação pensamento/linguagem, internalização* e *ZPD* (zona proximal de desenvolvimento).

Em menor número, outros pesquisadores neo-vygotskianos, em geral europeus e ligados ao interacionismo simbólico, têm enfrentado a questão pela segunda via, i.e., a da busca de redefinições e releituras da linguagem, de seu funcionamento e de suas relações com o pensamento. Em geral, tal redefinição passa pela própria revisão da *definição de linguagem* – tomada, então, como *discurso* ou *enunciação* –, de *interação* e de *discurso interno*. A adoção das perspectivas enunciativas bakhtinianas e sua articulação com os construtos psicológicos vygotskianos, via de regra, têm sido o procedimento adotado por estes investigadores (BRONCKART, SCHNEUWLY et al., 1985; SCHNEUWLY, 1988; 1994; WERTSCH, 1985).

Comparando uma perspectiva cognitiva e outra enunciativa

Autorizados pela abordagem bakhtiniana e por sua compatibilidade básica com as idéias de Vygotsky, alguns trabalhos, ao final da década de 80 e nos anos 90, realizam um deslocamento básico de interpretação, redefinindo, com base em Vygotsky, os conceitos de *linguagem* e *discurso,* originalmente marcados pelo viés comunicativo e funcional. *Linguagem e discurso* foram relidos, a partir da perspectiva estabelecida em Bakhtin/Volochínov (1929), como produtos sociais postos em circulação social nas interações concretas emergentes em situações de produção (*enunciações*) específicas[2].

Um exercício interessante é o de comparação, por exemplo, entre o modelo de "processamento" para a produção de textos em Hayes & Flower (1980) e as "atividades" e "operações de linguagem" envolvidas na produção de textos escritos, discutidas em Schneuwly (1988).

Note-se, em primeiro lugar, que Hayes & Flower (1980) estão trabalhando a partir de dados levantados com sujeitos adultos e letrados (universitários), que fizeram protocolos verbais[3] (metodologia introspectiva) durante o processo de produção de textos dissertativos acadêmicos, enquanto que Schneuwly (1988) está trabalhando a partir de um modelo enunciativo pré-construído, para analisar produções escritas de textos informativos e argumentativos, feitas por alunos de 4ª, 6ª e 8ª séries do Ensino Obrigatório (Fundamental) de Genebra.

O primeiro modelo (Hayes & Flower, 1980) procura explicitar os chamados "processos de composição". Em seu trabalho, os autores fazem notar que não estão propondo um modelo em estágios sucessivos, mas que seu modelo é recursivo, permitindo uma complexa interassociação de estágios. Essa postura aparece reforçada em Flower & Hayes (1980), onde, a partir de uma crítica aos modelos em estágios[4], os

---

[2] Sobre esta contraposição entre as perspectivas comunicativo-funcionais e a perspectiva enunciativa bakhtiniana, ver Bourdieu (1982, p. 25-26 e, sobretudo, nota de rodapé 4).

[3] Trata-se de metodologia em que a produção do texto escrito é gravada e se pede ao sujeito participante da pesquisa que procure explicitar, em voz alta, todo o seu processo (raciocínios, problemas detectados, dúvidas, decisões, recuos, etc.).

[4] Citam, explicitamente, os modelos de tipo pré-escritura, escritura, re-escritura adotados por Rohman (1965), Sommers (1978), e outros.

autores advogam que as tarefas de "planejar, recuperar informações, criar novas idéias, produzir e revisar linguagem" irão todas interagir umas com as outras, durante a composição.

Os autores identificam subprocessos no processo mais global de composição. A figura 1 retrata a estrutura do modelo de processamento de escrita proposto pelos autores.

Traduzindo o esquema gráfico, os autores propõem que as "condições da tarefa e a informação" (sobre o(s) tópico(s), sobre o(s) receptor(es) e sobre a própria escrita) "armazenada na memória de longo prazo" do escritor alimentam a

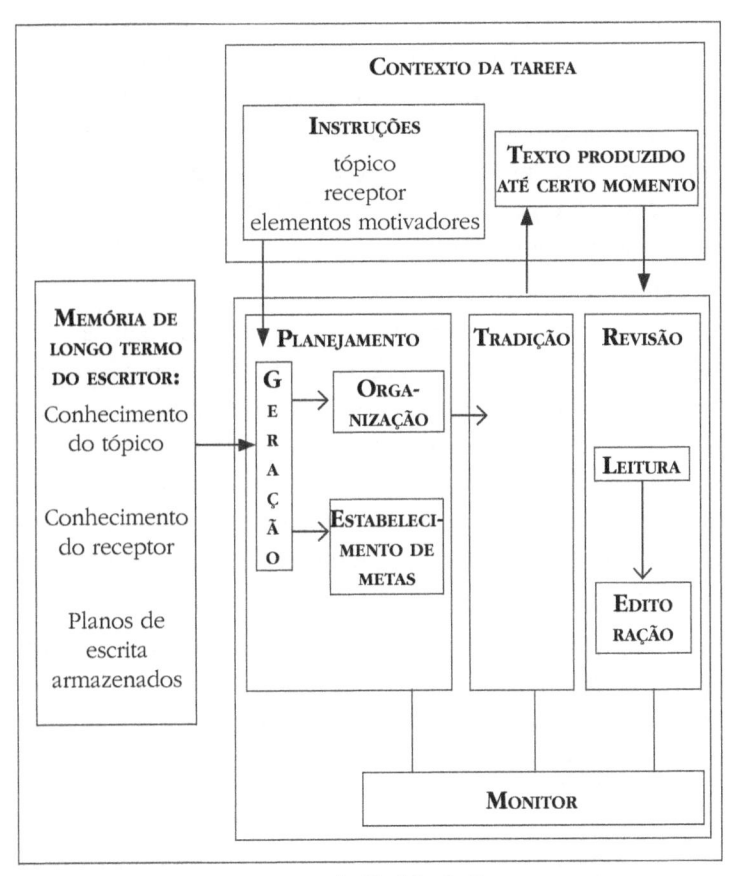

Figura 1- Estrutura do Modelo de Processamento

"geração do texto", que seria o processo de "planejamento" que comanda os outros dois: a "organização de idéias" e o "estabelecimento de metas para a produção", processos esses simultâneos. A partir daí, o escrevente começaria a "traduzir" estas informações geradas e organizadas para a linguagem escrita e o "texto produzido até certo momento" alimentaria processos de "revisão: leitura e editoração". Para diminuir a linearidade do modelo, haveria um "monitoramento" constante dos processos de "planejamento, tradução e revisão".

Dito de outra maneira, o processo de planejamento tem por função tomar informações do "contexto da tarefa" e da MLP do escrevente (sobre o "tópico", sobre o "receptor" visado – ativadas pelas chaves de motivação –, e, nos "planos de escrita armazenados", sobre o modelo de texto a ser produzido), para usá-las de forma a construir "metas" e um "plano de escrita" que guiará a produção do texto, de tal forma que o escrevente cumpra suas metas.

Este processo consiste ainda em dois outros subprocessos, além do estabelecimento de metas: "geração e organização". O subprocesso de "geração" tem por função recuperar (*retrieve*) da MLP informação relevante para a tarefa de escrita, por meio de cadeias associativas[5]. A função do subprocesso de organização é selecionar os materiais mais utilizáveis dentre os que foram ativados pelo subprocesso de geração e organizá-los num plano de escrita, temporal ou hierarquicamente estruturado (ou ambos).

Já o processo de *tradução* é caracterizado pelos autores como tendo por função "tomar material da MLP, sob o controle do plano de escrita, e transformá-lo em sentenças escritas aceitáveis" (Hayes & Flower, 1980, p. 15). Os autores assumem

---

[5] Não só os processos de *busca* e *recuperação*, mas também os outros subprocessos, são caracterizados como processos de *solução de problemas*. Para verificação, cf. Figuras 1.6., 1.7. e 1.8. in Hayes & Flower (1980, p. 13-16).

que o material cognitivo é armazenado na memória como proposições[6], "mas não necessariamente como linguagem".

O processo de *revisão* tem por função melhorar a qualidade do texto escrito. Consiste em dois subcomponentes, que têm lugar a partir do texto escrito até certo momento: "leitura e editoração". O subprocesso de editoração tem por função examinar qualquer material que o escrevente põe em palavras, seja lendo, escrevendo ou falando. Detecta e corrige violações das convenções escritas e descuidos quanto ao significado pretendido. Além disso, avalia materiais cognitivos, com respeito às metas de escrita.

Por último, o modelo propõe um *monitor*, cuja função seria a de *deslinearizar* o processo[7].

O que se conclui da análise do modelo é que a produção de textos é vista como um conjunto (hierarquizado) de comportamentos, regidos por processos cognitivos gerados por esquemas ou conhecimentos armazenados na memória e ativados pelo "contexto" (de tarefa). Portanto, um processo *ensimesmado* (na MLP do escrevente), em que o único papel do contexto social de ocorrência – no caso, um contexto bastante *instrucional* e escolar – seria o de fornecer informações ou *inputs*, capazes de ativar esquemas cognitivos e lógicos pré-existentes. Logo, as questões da aprendizagem, da linguagem e do discurso estão fora de questão e, do ponto de vista da escola, tratar-se-ia de instalar e viabilizar *comportamentos* ou *procedimentos* (planejar, editar, revisar etc.), dependentes de conhecimentos prévios que se instalariam, possivelmente, por outras vias e não no próprio processo.

---

[6] Por *proposição* os autores entendem uma estrutura tal como: (Conceito A), (Relação B), (Conceito C), (Conceito D), (Atributo E), etc., onde conceitos, relações e atributos são estruturas de memória, talvez padrões complexos ou imagens, para os quais o escrevente pode ter ou não nomes.

[7] Os autores afirmam, por exemplo, que subprocessos como editoração e geração podem "*interromper*" quaisquer outros.

No final da mesma década, a abordagem da produção de textos proposta em Schneuwly (1988) apresenta uma perspectiva bastante diversa. Vejamos a figura 2.

PARÂMETROS DA INTERAÇÃO SOCIAL
- Lugar social do escrevente
- Finalidade da atividade de linguagem
- Relações enunciador/destinatário

GESTÃO TEXTUAL

ANCORAGEM

CRIAÇÃO DE UMA BASE DE ORIENTAÇÃO GERAL DA ATIVIDADE DE LINGUAGEM:

Construção da representação da situação de produção baseada nos Parâmetros da interação social:
- Lugar social do escrevente
- Finalidade da atividade de linguagem
- Relações enunciador/destinatário

PLANEJAMENTO
Seqüencialização dos conteúdos
Estruturação Lingüística
Modelos de linguagem

LINEARIZAÇÃO

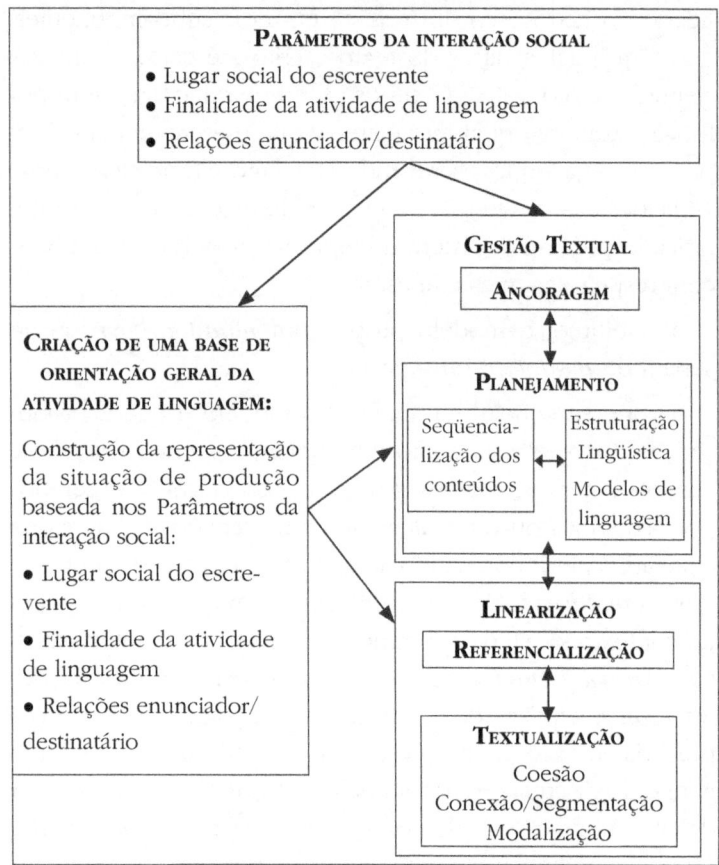

REFERENCIALIZAÇÃO

TEXTUALIZAÇÃO
Coesão
Conexão/Segmentação
Modalização

Figura 2- Instâncias e tipos de operação na produção de textos

Como se vê no esquema acima[8], há, entre uma e outra proposta, um deslocamento bastante relevante de foco, da cognição individual para a interação social. É a "situação de

---

[8] O autor evitou esquematizar graficamente o processo (e, para isso, deve ter tido razões). No entanto, proponho este esquema aqui, para que o leitor possa comparar melhor as duas propostas.

enunciação" ou a "situação social de produção do enunciado/texto" que determina a "criação" pelo escrevente "de uma base de orientação geral" para a atividade de linguagem que é produzir um texto escrito (ou mesmo, outra atividade de linguagem qualquer). Esta "base de orientação" é entendida pelo autor como "uma representação interna, modificável à medida das necessidades e das mudanças que venham a intervir, do contexto social e material da atividade" (SCHNEUWLY, 1988, p. 31). São parâmetros fundamentais dessa situação de produção, que deverão ser representados pelo enunciador, seu próprio "lugar social" como autor, suas "relações com seu(s) interlocutor(es) e a finalidade" da enunciação. De saída, esta posição amplia e torna menos empírica a noção de contexto da proposta anterior.

A construção pelo enunciador dessa base de orientação determinará (e controlará, ao longo do processo) tanto as formas de "gestão do texto" como sua "linearização". Uma das formas centrais e iniciais de gestão do texto é sua "ancoragem (conjunta ou disjunta; implicada ou autônoma)"[9], que, por sua vez, determinará formas variáveis de "planejamento". A operação de planejamento, por sua vez, envolve tanto a ativação, organização e "seqüencialização dos conteúdos" como sua "estruturação lingüística", i. e., sua adequação a um "modelo de linguagem ou plano de texto, escolhido em função da interação social, [que] garante a forma lingüística global" (SCHNEUWLY, 1988, p. 36).[10]

Por fim, as operações de gestão textual ("mono ou poligeridas ou gestionadas") estarão também em constante interação com as operações de "linearização" do texto, e as determinarão: as operações de "referencialização" e a "textualização". Baseado em Culioli (1976), o autor define a operação de "referencialização" – bastante relacionada com a

---

[9] Ver, a respeito, não somente Schneuwly (1988), mas também Bronckart, Schneuwly *et al.* (1985) e Bronckart (1997).

[10] Note-se, aqui, a possibilidade de reinterpretação bakhtiniana, a partir da teoria dos gêneros do discurso, que, inclusive, ocorrerá posteriormente na obra do autor em pauta.

"lexicalização – como a "produção de enunciáveis, de núcleos predicativos, ou como a criação de estruturas de linguagem iniciais mínimas que entram em interação com operações dependentes do contexto ou do co-texto" (SCHNEUWLY, 1988, p. 38). Já a textualização, abrangendo três outras operações (coesão; conexão/segmentação e modalização), é uma operação que age não no nível global, mas no nível local do encadeamento textual (novamente, sob determinação do contexto e do co-texto), suportada pelas unidades produzidas na referencialização (*lexis*).

No que tange às operações de gestão e de linearização do texto, algumas observações podem ser feitas a respeito dos deslocamentos de perspectiva realizados nessa proposta. Em primeiro lugar, as formas (composicionais, lingüísticas e semânticas) da linguagem e do discurso (enunciado) são decisivamente enfatizadas nessa proposta, ao invés de formas cognitivas outras, que seriam traduzidas em linguagem. Em segundo lugar, as determinações da interação e da enunciação, aí, estão constantemente consideradas. Em terceiro lugar, trata-se de um modelo de determinações múltiplas em complexa interação (e não de um modelo linear ou fásico), capaz de recobrir múltiplas situações de produção de textos, inclusive a escolar ou acadêmica. Por fim, colocando em evidência as propriedades da linguagem e as operações por ela exigidas na produção dos textos, a proposta poderá permitir – como tem permitido – transposições didáticas a situações de ensino bastante mais ricas que a mera presença de procedimentos não instruídos, no próprio ato da produção.

Outra possibilidade interessante dessa proposta, para os neo-vygotskianos, é a de que seu conjunto pode ser facilmente relido numa perspectiva da teoria da enunciação, não francesa, mas bakhtiniana, dando continuidade – num novo campo de investigação: o da produção de textos – a uma empreitada já iniciada em outros campos, como os da interação e construção dos conhecimentos e conceitos.

Um exemplo de releitura de dados

Rojo (1989a) identificou um processo recorrente na produção de textos de alunos do 1º e 2º Ciclos do Ensino Fundamental: o de iniciarem o processo de produção de textos narrativos pela construção do personagem; 70% dos sujeitos investigados na ocasião declaravam iniciar sua composição do texto pela construção do personagem e somente 20%, pelo problema ou complicação da narrativa. Outra percentagem minoritária (10%) declarava iniciar pela construção da situação inicial do cenário. Na análise da distribuição por série e por avaliação do aluno pelo professor, Rojo (1989a) verificou que, nesta maioria que declarava iniciar o texto pela construção dos personagens, o percentual ia decrescendo à medida que se avançava na série de escolaridade e na avaliação atribuída pelo professor. Se todos os sujeitos de 2ª diziam iniciar seus textos pela construção do personagem, apenas dois dos sujeitos de 3ª e dois dos de 4ª o faziam. Se todos os sujeitos considerados fracos (F) e regulares (R) por seus professores declaravam iniciar assim seus textos, somente um dos sujeitos considerados ótimos ou bons (O/B) pelos professores o fazia. Na interpretação de Rojo (1989a), esse abandono de procedimento pelos sujeitos mais bem classificados das séries mais avançadas se dava em favor de começarem a ativar conhecimento para a construção do problema da estória, seja construindo a oportunidade para ação (situação inicial), seja a complicação propriamente dita.

Portanto, na maioria dos sujeitos investigados, o planejamento inicial traduzia-se pela construção do(s) personagem(ns) e somente os sujeitos das séries mais avançadas e mais bem classificados pelo professor iniciam sua *geração de idéias* pela construção do problema narrativo[11]. Esses dados pareciam,

---

[11] Seja pela situação inicial, que, nessa teoria, cria contexto para a complicação; seja pela construção da própria complicação.

então, indicar um processo de desenvolvimento. Por outro lado, as *fontes cognitivas* privilegiadas para essas construções eram conhecimentos advindos da mídia visual (filmes de TV e vídeo, sobretudo) e, nas melhores classificações, esta fonte se desloca para mídias escritas (quadrinhos e livros)[12].

Continuando a análise desse processo, Rojo (1992: 109) afirma que:

> No cruzamento desses dois tipos de dados para a análise qualitativa das formas de geração de idéias para a constituição do personagem, verificamos três tipos de processos dentre nossos 10 sujeitos: o processo de "nomear desejos"; o de "fazer pão" e o de "encaixar"; i.e., processos *projetivos*; processos *objetivos não monitorados* – caracterizados pela ativação múltipla de *frames* e *scripts* –; e processos *objetivos monitorados* pelo esquema superestrutural. Como, em tais processos, as variáveis série de escolaridade ou avaliação na série nem sempre foram significativas, podemos concluir por uma variabilidade de processos dentre estes sujeitos, mantida a regularidade de geração inicial do(s) caráter(es) da narrativa como processo predominante.

Os enunciados de Rojo (1989a; 1992) já fazem ver que o modelo de produção de textos adotado pela autora, na época, era o que por primeiro resenhamos (Hayes & Flower, 1980; Flower & Hayes, 1980).

A título de exemplificação do poder explicativo de uma e de outra abordagem e das decorrências para o ensino que delas se pode extrair, gostaríamos de reproduzir algumas conclusões formuladas pela autora em 1992, com base no modelo de processamento, e em 1996, já com base numa revisão enunciativa inicial do processo de produção.

---

[12] Este tipo de dado, por simples que seja, leva, por si só, a que levantemos questionamentos à proposta de um componente de *tradução* no modelo de Hayes & Flower, sobretudo quando este componente apresenta-se como uma "caixa preta" não descrita. Não basta dizer que idéias são geradas e recuperadas da MLP como proposições para as quais o sujeito pode ou não ter nomes. Seria preciso algum esforço de explicação sobre o processo e sua dinâmica.

Por exemplo, em 1992, a autora concluía que:

> Podemos, aqui, dizer que o conhecimento consciente da superestrutura monitora o planejamento, a organização e a execução, na medida em que o sujeito refere-se, em sua retrospecção, às categorias superestruturais como controladoras do processo de planejamento. [...] A nosso ver, isso modifica a quantidade e a qualidade de planejamento prévio desse sujeito, que passa, então, a ser conceitualmente monitorado. (ROJO, 1992, p. 111-112)

Clara está a decorrência aplicada desse tipo de conclusão: a chave do processo de produção encontra-se alhures, no ensino sistemático e meta-(lingüístico, cognitivo) das estruturas textuais, que passarão então a orientar o processamento cognitivo em produção de textos. As práticas didáticas decorrentes desse tipo de orientação já demonstraram, entretanto, sua ineficácia.

Rojo (1996: 148-150) aponta já para uma interpretação dos mesmos dados um tanto quanto mais complexa, capaz de gerar reflexões e transposições didáticas mais ricas. Vejamos:

> Por outro lado, estes dados indicam uma inter-relação complexa entre mundo e estrutura (gênero) do discurso. Verificou-se que há relatos que não relatam a experiência vivida e estórias que ficcionalizam sobre ela. Os esquemas superestruturais originários do letramento estariam em interação complexa com as fontes de experiência e os processos de objetivação e subjetivação. Portanto, os dados indicam uma emergência inicial de um sujeito-narrador, que só se desdobra à medida do mundo em que a estória/relato se passa. É na emergência do personagem que a figura do narrador se afirma, tomando sua voz a forma do discurso indireto e, às vezes, pondo-se mesmo em diálogo com ele. Segundo de Lemos (em prep.),
>
> o personagem narrado é o lugar onde o sujeito aponta para si mesmo. A criança – que se vive, no relato, como apontada e nomeada pelo outro –, na estória, nomeia o outro (personagem) para se viver como sujeito. É só através da ficção que me ficcionalizo o suficiente para apontar para mim mesmo.
>
> O "ele" *personagem* é o lugar projetado onde a minha ficcionalização enquanto sujeito – minha *máscara* – aponta para mim mesmo – *"eu" objetivado*. São processos de *objetivação* do

discurso, onde o papel de *testemunha de si próprio*[13], no relato autobiográfico – com o grau de distanciamento que acarreta a observação de si mesmo enquanto participante de uma ação no passado –, teria relações complexas, na ontogênese, com o papel de *testemunha do outro*, outro esse observado no real – nos discursos expositivos –, ou projetado no personagem – construção de facetas da subjetividade –, na narrativa ficcional. Esta dobra, este desdobramento do papel de testemunha de meu outro projetado faria emergir, na narrativa ficcional, a voz objetiva do narrador.

O *locutor* – "aquele que se apresenta como 'eu' no discurso" (ORLANDI & GUIMARÃES, 1988: 8; BENVENISTE, 1959, p. 269-270) – teria de tomar o papel de *testemunha de si próprio* nos relatos autobiográficos, com o exercício de *observador* que este movimento implica. Isto seria condição necessária para a constituição da função discursiva de *enunciador*, caracterizada em Orlandi & Guimarães (1988, p. 8) como "a perspectiva que este 'eu' constrói". É, portanto, no papel de *enunciadores* que os sujeitos, em sua maioria, constituem seus relatos e estórias, por meio de uma diversidade de modos de constituição de perspectivas. A emergência do narrador assinala a voz *objetiva* que oculta o sujeito enunciador que, de *observador*, passa a *espectador* de suas perspectivas criadas".

Já a partir de uma análise como esta, ainda que inicial, pode-se pensar uma série de atividades didáticas que coloquem o aluno em diferentes perspectivas enunciativas, implicando diferentes ancoragens e gestões textuais que, por

---

[13] Cf., para as noções de *locutor, testemunha, historiador*, Benveniste (1959). O autor define enunciação histórica como "a narrativa dos acontecimentos passados", reservada hoje essencialmente à escrita e "sem nenhuma intervenção do locutor na narrativa". Refere-se tanto às narrativas históricas quanto às ficcionais. Nestas, narram-se os fatos que se produziram, os quais, para serem registrados, devem pertencer ao passado. Domínio da objetividade, da exclusão da subjetividade, "ninguém fala aqui". Contraposta a este plano, o autor define a enunciação de discurso como uma variedade de tipos discursivos (da conversação espontânea à autobiografia), que pode se apresentar nas modalidades oral e escrita, mas que se caracteriza como toda enunciação que suponha a relação locutor/ouvinte, a relação eu:tu. Uma enunciação caracteristicamente organizada na categoria de pessoa, domínio da intersubjetividade e, logo, das subjetividades "eu:tu falamos aqui". O discurso do locutor é o espaço do eu:outro. No discurso do historiador opera-se um apagamento do sujeito e um deslocamento ao passado.

sua vez, implicarão linearizações diferenciadas. O poder explicativo e aplicado da segunda proposta quer-nos parecer bastante mais amplo.

Se a reflexão aqui conduzida for significativa, a partir dessa mudança básica de perspectiva, teremos, como conseqüências teórica e prática, pelo menos cinco revisões conceituais neo-vygotskianas (bakhtinianas) permitidas para a perspectiva vygotskiana clássica:

a) a unidade de análise passa da "palavra/signo" ao "enunciado", com seus temas, formas de acabamento (composição, estilo), acentos valorativos/vontade enunciativa;

b) o enunciado passa a só adquirir sentido/significado/circulação a partir de situações concretas de produção (enunciação), que devem ser caracterizadas e levadas em conta enunciativamente, e não mais comunicacionalmente. Passam, então, a ter valor heurístico para a atribuição de sentido ou interpretação a pertinência a grupo ou cultura, os enquadres institucionais, as relações de poder e hierarquia nas instituições e os papéis sociais aí assumidos, determinantes de perspectivas, as relações interpessoais;

c) a enunciação – e, por decorrência, o enunciado – é sempre dialógica, polissêmica, plurilingüística – vozes –, mesmo quando seu efeito composicional implica uma aparência de autonomia, controle, monologia e monovocalismo;

d) a relação falante-ouvinte ou locutor-receptor é revista a partir das noções de enunciador, destinatário(s) e audiência, o que envolve a assunção de papéis e perspectivas e multiplica os planos enunciativos da interação/enunciação. Também noções como réplica, compreensão e recepção ativas dissolvem, a um só tempo, a distância e a simetria entre "enunciador/destinatário" e implicam revisões nas noções de discurso interno, externo, escrito. Logo, de internalização;

e) as propostas cognitivas das teorias de esquemas (lingüísticos, psicolingüísticos ou psicológicos) passam a ser rejeitadas em favor da circulação das vozes ou enunciações, o que não deixa de exigir um enfoque renovado sobre a cristalização e historicização de significados e formas discursivas. A partir daí, ganha muita relevância a questão da gênese dos gêneros e de suas relações com discursos e textos em circulação.

Além disso, obviamente, com a mudança da unidade de análise, mudam os métodos de pesquisa (coleta e análise). Novos conceitos interpretativos, tais como vozes, gêneros, planos enunciativos, dialogismo, discurso citado, heterogeneidade são postos em circulação na análise, assim como novas categorias lingüístico-enunciativas são convocadas neste processo: dêixis de pessoa, tempo e lugar, tempos verbais, classes (semânticas) de verbos, formas da heterogeneidade mostrada (marcada e não-marcada).

Este conjunto de mudanças de perspectiva tem, nos últimos anos, constituído, ao mesmo tempo, orientações e um programa para a ação – investigativa e multiplicadora – no campo da produção de textos na escola.

Referências bibliográficas

BAKHTIN, M./Volochínov, V. N. *Marxismo e Filosofia da Linguagem.* SP: Hucitec, 1981. (Original de 1929)

BASTOS, L. K. X. *Coesão e Coerência em Narrativas Escolares Escritas.* Campinas: Editora da UNICAMP, 1985.

BEAUGRANDE, R.-A. de. *Text Production: toward a science of composition.* New Jersey: Ablex, 1984

BOURDIEU, P. *Ce que parler veut dire: l'économie des échanges linguistiques.* Poitiers: Fayard, 1982.

BRONCKART, J-P., SCHNEUWLY, B. et al. *Le Fonctionnement des Discours.* Neuchâtel: Delachaux & Niestlé, 1985.

BRONCKART, J.-P. *Atividade de Linguagem, Textos e Discursos – por um interacionismo sócio-discursivo*. São Paulo: EDUC, 1999.

BROWN, A. L.; FRENCH, L. A. The zone of potencial development: implications for intelligence testing in the year 2000. *Intelligence*, n. 3, 1979, p. 253-271.

BROWN, A. L.; FERRARA, R. A. Diagnosing zones of proximal development. In: WERTSCH, J. V. (Ed.). *Culture, communication and cognition: Vygotskian perspectives*. New York: C.U.P., 1985.

van DIJK, T. A.; KINTSCH, W. *Strategies of Discourse Comprehension*. New York: Academic Press, 1983.

FLOWER, L.; HAYES, J. R. The dynamics of composing: making plans and jugging constraints. In: GREGG, L. W.; STEINBERG, E. R. (Eds.). *Cognitive Processes in Writing*. New Jersey: Lawrence Erlbaum. 1980, p. 31-50.

FLOWER, L.; HAYES, J. R. Identifying the organization of the writing processes. In: GREGG, L. W.; STEINBERG, E. R. (Eds.). *Cognitive Processes in Writing*. New Jersey: Lawrence Erlbaum, 1980, p. 3-30.

KATO, M. A. *No Mundo da Escrita: uma abordagem psicolingüística*. São Paulo: Ática, 1986.

KROLL, B. M.; WELLS, G. (Eds). *Explorations in the Development in Writing: theory, research and pratice*. New York: Wiley & Sons, 1983.

MARTLEW, M. (Ed.). *The Psychology of Written Language: developmental and educational perspectives*. New York: Wiley & Sons, 1983.

NEWMAN, D.; GRIFFIN, P.; COLE, M. *The Construction Zone: working for cognitive change in school*. New York: C.U.P., 1989.

NYSTRAND, M. (Ed.) *What Writers Know?* New York: Academic Press, 1982.

ROGOFF, B.; WERTSCH, J. V. (Eds.). *Children's Learning in the Zone of Proximal Development: New directions for child development*. San Francisco: Jossey-Bass, 1984.

ROJO, R. H. R. *O Desenvolvimento da Narrativa Escrita: "fazer pão" e "encaixar"*. São Paulo: LAEL/PUC-SP, 1989a. (Tese de Doutoramento).

ROJO, R. H. R. Metacognição e Produção de Textos: o que as crianças sabem sobre os textos que escrevem? *Boletim da Associação Brasileira de Psicopedagogia*. n. 17, São Paulo: ABPP, 1989b, p. 39-56.

ROJO, R. H. R. Modelos de Processamento em Produção de Textos: suas decorrências para a prática escolar de escrita. *Estudos Lingüísticos*. vol. XVIII. São Paulo: GEL/USP, 1989c, p. 39-56.

ROJO, R. H. R. O Desenvolvimento da Narrativa Escrita: como são os textos que as crianças escrevem? *D.E.L.T.A.*, vol. 6, n. 2. São Paulo: PUC-SP, 1990, p. 169-193.

ROJO, R. H. R. Modelos de Processamento em Produção de Textos: subjetividade, autoria e monitoração. In: PASCHOAL, M. S. Z. de & CELANI, M. A. A. (Orgs.) *Lingüística Aplicada: da aplicação da Lingüística à Lingüística transdisciplinar*. São Paulo: EDUC/PUC-SP, 1992, p. 99-123.

ROJO, R. H. R. Subjetividade, objetividade e cristalização cultural na produção de textos de crianças de 1º grau. In: BOSSA, N. A. & OLIVEIRA, V. B. de. (Orgs.). *Avaliação Psicopedagógica da Criança de Sete a Onze Anos*. Petrópolis: Vozes, 1996, p. 126- 162.

ROJO, R. H. R. A Teoria dos Gêneros em Bakhtin: construindo uma perspectiva enunciativa para o ensino de compreensão e produção de textos na escola. In: BRAIT, B. (Org.) *Estudos Enunciativos no Brasil: Histórias e Perspectivas*. Campinas: Pontes, São Paulo: FAPESP, 2001, p. 163-185.

SCHNEUWLY, B. *Le Langage Ecrit chez l'Enfant: La production des textes informatifs et argumentatifs*. Neuchâtel: Delachaux & Niestlé, 1988.

SCHNEUWLY, B. Genres et types de discours: Considérations psychologiques et ontogénétiques. In: REUTER, Y. (Ed.). *Les Interactions Lecture-Ecriture, Actes du colloque Théodile-Crel*. Berlin: Peter Lang, 1994, p. 155-174.

SINHA, C. On representing and referring. In: GEIGER, R.; RUDZHA-OSTYN, D. (Eds.). *Conceptualisation and Mental Processing in Language*. Mouton: de Gruyter, 1990.

SMOLKA, A. L. B. A dinâmica discursiva no ato de escrever: relações oralidade-escritura. In: SMOLKA, A. L. B.; GÓES, M. C. R. (Orgs.). *A Linguagem e o Outro no Espaço Escolar: Vygotsky e a construção do conhecimento*. Campinas: Papirus, 1993, p. 35-64.

WERTSCH, J. V. (Ed.). *Culture, communication and cognition: Vygotskian perspectives*. New York: C.U.P., 1985.

WERTSCH, J. V. (Ed.). *Voices of the Mind: A socio-cultural approach to mediated action*. Cambridge, MA: H.U.P., 1985.

WERTSCH, J. V. (Ed.). *Vygotsky and the Social Formation of Mind*. Cambridge, MA: H.U.P., 1986.

AUTORES

Adriana Lia Friszman de Laplane
Doutora em Educação. Professora da Universidade São Francisco (Bragança Paulista, SP); Professora da UNICAMP.

Ana Luiza Bustamante Smolka
Doutora em Educação. Professora da Faculdade de Educação da UNICAMP.

Cancionila Janzkovski Cardoso
Doutora em Educação. Professora do Departamento de Educação da UFMT, *Campus* de Rondonópolis.

Cecilia Goulart
Doutora em Letras. Professora da Faculdade de Educação da UFF.

Elizabeth dos Santos Braga
Doutora em Educação. Professora da Universidade São Francisco (Bragança Paulista, SP)

Gladys Rocha
Doutoranda em Educação. Professora da Escola Fundamental do Centro Pedagógico da UFMG; membro CEALE (FaE-UFMG).

João Wanderley Geraldi
Doutor em Lingüística. Professor do Instituto de Estudos da Linguagem da UNICAMP.

Leiva de Figueiredo Viana Leal
Doutora em Educação. Professora da UNINCOR.

Lúcia Fernanda Pinheiro Barros
Mestranda em Estudos Lingüísticos, pela Faculdade de Letras da UFMG.

Maria Bernadete Marques Abaurre
Doutora em Lingüística. Professora do Instituto de Estudos da Linguagem da UNICAMP.

Maria da Graça Costa Val
Doutora em Educação. Professora da Faculdade de Letras da UFMG; membro do CEALE (FaE/UFMG).

Maria Laura Trindade Mayrink-Sabinson
Doutora em Lingüística. Professora do Instituto de Estudos da Linguagem da UNICAMP.

Raquel Salek Fiad
Doutora em Lingüística. Professora do Instituto de Estudos da Linguagem da UNICAMP.

Roxane Rojo
Doutora em Lingüística Aplicada. Professora do Programa de Pós-Graduação em Lingüística Aplicada da PUC-SP.

Qualquer livro do nosso catálogo não encontrado nas livrarias pode ser pedido por carta, fax, telefone ou pela Internet.

✉ Rua Aimorés, 981, 8º andar – Funcionários
Belo Horizonte-MG – CEP 30140-071

📱 Tel: (31) 3222 6819
Fax: (31) 3224 6087
Televendas (gratuito): 0800 2831322

@ vendas@autenticaeditora.com.br
www.autenticaeditora.com.br

Este livro foi composto com tipografia Gatineau
e impresso em papel off set 75 g. na Sermograf Artes Gráficas.
